银行客户经理营销一本通

理财不二牛◎著

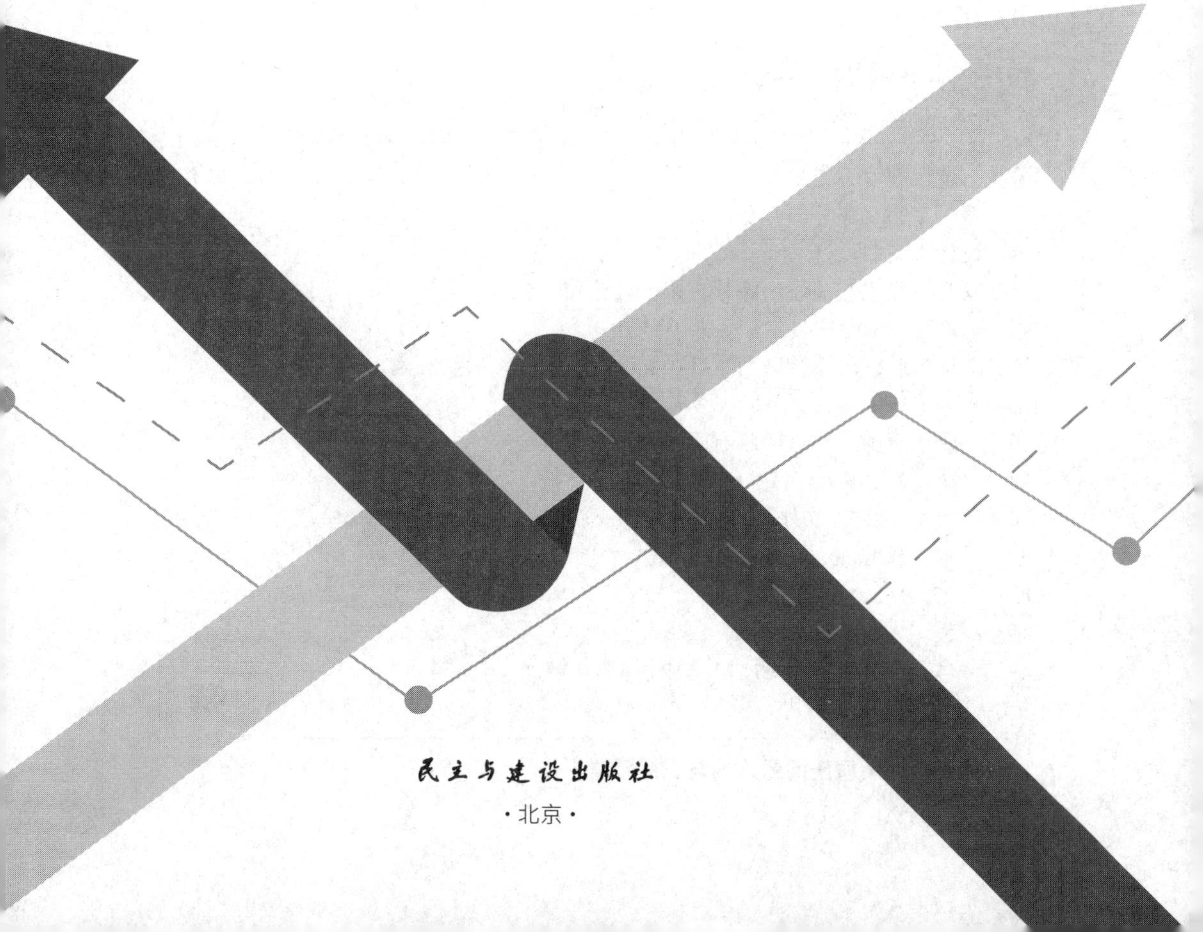

民主与建设出版社
·北京·

图书在版编目（CIP）数据

银行客户经理营销一本通 / 理财不二牛著 . -- 北京：
民主与建设出版社 , 2020.9
ISBN 978-7-5139-3127-4

Ⅰ . ①银… Ⅱ . ①理… Ⅲ . ①商业银行－市场营销学
Ⅳ . ① F830.33

中国版本图书馆 CIP 数据核字 (2020) 第 131301 号

银行客户经理营销一本通
YINHANG KEHU JINGLI YINGXIAO YIBENTONG

著　　者	理财不二牛
责任编辑	胡　萍
装帧设计	尧丽设计
出版发行	民主与建设出版社有限责任公司
电　　话	（010）59417747　59419778
社　　址	北京市海淀区西三环中路 10 号望海楼 E 座 7 层
邮　　编	100142
印　　刷	唐山市铭诚印刷有限公司
版　　次	2020 年 9 月第 1 版
印　　次	2020 年 9 月第 1 次印刷
开　　本	710mm × 1000mm　1/16
印　　张	16
字　　数	191 千字
书　　号	ISBN 978-7-5139-3127-4
定　　价	55.00 元

注：如有印、装质量问题，请与出版社联系。

进入互联网时代以来，银行业的经营现状发生了翻天覆地的变化。在金融领域中，银行不再是一家独大，也不再是广大公众投资、融资的唯一选择，银行也正面临着一种前所未有的、全新的经营环境。这一现状使得原本就不轻松的银行客户经理这一岗位的工作变得更加困难重重。

本书主要是围绕银行客户经理如何向客户营销银行的产品或服务展开叙述的，在讲解了优秀客户经理应了解的基础内容的基础上，具体介绍了以下内容：市场调查与研究，精准定位目标客户；建立客户关系，接近对方才能抓住营销机会；挖掘客户需求，找准营销的关键；展示金融服务方案，激发客户的购买心理；解除客户异议，为交易达成扫清障碍；把控风险防范，有效避免呆坏账的发生；"互联网+"时代，客户经理应掌握的营销创新模式；优化自我与团队管理，不断提升营销业绩等。

本书的板块设计灵活，小节中设有各种关系图，能让读者一目了然地了解相关知识；每个小节中都有"小贴士"板块；每章的最后都有"营销扩展知识"，可帮助读者了解本章相关的扩展内容。

总之，本书是一本关于营销技巧和实战指南的著作，书中的营销技巧可以说是招招鲜、招招灵，你可以利用其中任何一个技巧去开发优良的客户，并与之建立稳固、持久的合作关系，从而确保你在激烈的银行市场营销竞争中脱颖而出，干出一番成绩。

如果你已经是一名卓越的银行客户经理，想更好地提升业绩和管理团队；如果你刚刚晋升为银行客户经理，想迅速地站稳脚跟；如果你想提高自己的营销水平，让客户成为你的朋友，那么，只要你用心品读，专注理解，认真实践，不断总结，相信本书一定会给你的工作与发展带来帮助。

目录
CONTENTS

第一章

优秀银行客户经理应了解的基础内容

银行客户经理是银行与客户之间的"联络员"，是客户需求的"采购员"，是银行产品研发的"市场信息员"，是银行产品的"导购员"，是银行业务创新的"推动者"，是企业信贷风险的"安全员"。要想成为一名优秀的银行客户经理，就应先了解一些最基本的内容，如客户经理的定义、理念和分类，以及客户经理应掌握的营销礼仪等。

了解银行客户经理的定义、理念和分类

▶ 客户经理的定义

银行客户经理是银行内从事市场拓展、客户关系维护、营销实施，并直接服务于客户的专业人员。其职能主要表现在五个方面：联系银行与客户的主要桥梁；作为客户的参谋及财务参谋；研究分析客户的需求并提出解决方案；争取银行资源以及时解决客户的需要；运用有限的资源替银行赚取合理的回报。

通俗地说，银行客户经理是银行与客户之间的"联络员"，是客户需求的"采购员"，是银行产品研发的"市场信息员"，是银行产品的"导购员"，是银行业务创新的"推动者"，是企业信贷风险的"安全员"。

▶ 客户经理的理念

银行客户经理肩负的特殊职责，决定了其必须树立五方面的先进的理念。

1. 客户导向理念

以客户为中心，重视客户、尊重客户是银行客户经理必须树立的最核心的理念。"一切为了客户，为了客户一切，为了一切客户"是客户导向理念的根本出发点和落脚点。

2. 营销一体化理念

银行客户经理要把金融产品的营销作为一种专门化的事业，将各种营销资源进行整合，以满足各种营销活动的要求，实现营销专业化。

3. 核心客户综合开发理念

根据二八定律，即20%的客户创造80%的业务和利润，客户经理必须对贡献80%的利润且占客户总量20%的优质核心客户加以高度重视和关注。

4. 个性化产品和服务理念

银行客户经理不仅要提供单一产品的销售，还要综合运用各种知识和技能，根据客户的需求提供适合对方的个性化的金融服务。

5. 金融服务创新理念

银行客户经理要保持对客户需求变化的高度敏感，及时发现、提炼和总结问题，并反馈到银行的产品部门，和产品部门联手进行产品创新设计。

▶ 客户经理的分类

根据业务对象和能力的差异，可对银行客户经理进行不同的分类。

1. 按照客户经理的业务对象分类

按照客户经理的业务对象，可划分为零售客户经理、对公客户经理、理财经理、信贷客户经理、大堂经理和产品经理。

（1）零售客户经理是指在银行从事个人客户开发、客户管理和维护、产品销售、市场拓展等工作的人员。

（2）对公客户经理是指具备相应任职资格和能力，从事银行对公客户关系管理、营销方案策划与实施，为行政企事业单位、同行等客户提供存款、支付结算、代收代付等金融服务的营销人员。

（3）理财经理是指具备相应任职资格和能力，从事银行个人客户关系管理、营销方案策划与实施，为个人客户提供各种财务分析、规划或投资建议以及销售理财计划和投资产品的营销人员。

（4）信贷客户经理是指在银行从事信贷客户开发、客户管理和维护、产品销售、市场拓展等工作的人员。

（5）大堂经理是指在银行网点识别并引导客户、挖掘优质客户资源、推介、销售金融产品、提供业务咨询和服务的营销人员。

（6）产品经理是指负责组织银行某一金融产品或产品线的创新设计、生产营销、管理服务和实施工作的营销人员。

2. 按照客户经理能力的差异分类

按照能力的差异，可将银行客户经理划分为资源型客户经理、专家型客户经理和复合型客户经理。

（1）资源型客户经理有深厚的人脉关系和优质的客户资源，善于处理与客户的关系，但业务知识和产品操作技能有待提高，往往需要和专家型的客户经理合作来开拓客户。

（2）专家型客户经理精通银行产品，尤其熟悉授信产品，对各类银行产品创新使用能力较强，精通各类银行产品的交叉使用，但需要积极培养管理能力和客户人脉开拓能力。

（3）复合型客户经理能很好地处理客户关系，也能掌握银行产品的操作方法，业务知识较全面，精通资本市场、法律、会计和互联网等领域的知识。有大量的客户资源，是全能的人才。

> **小贴士**
>
> 　　银行客户经理虽脱胎于原始的信贷员，但绝不是信贷员的简单翻版，无论是内涵还是外延，其都有了质的飞跃。二者在经营理念、具体运作方式和工作内容等方面都有着很大的区别。

拥有丰富的专业知识和高超的技能

经济越发达，社会分工就越细，社会需求就越多样化和个性化，客户对客户经理的要求就越高。这就需要银行客户经理不断提升自己的专业知识和各种业务技能，这样才能在营销过程中获得更大的进步。

▶ 丰富的专业知识

一名优秀的银行客户经理需要掌握丰富的专业知识，它包括行业基础知识和职业辅助知识。

1. 行业基础知识

银行客户经理要理解行业中的基础知识，如所在银行的情况、金融产品知识和客户知识等。

（1）所在银行的情况。

作为银行员工的客户经理，不仅担负着营销产品、服务客户和研究市场的重要任务，还是银行形象传播的主要实施者。另外，在营销过程中，客户和客户经理之间很可能从未打过交道，客户也没有在此银行办理过业务，那么客户经理就成了客户和银行之间的唯一联络人。

因此，客户经理有必要对所在银行的具体情况有充分的认识，并能清晰地向客户介绍。比如，银行的发展历史、经营规模、规章制度，在同行业的地位和优势等。

（2）金融产品知识。

客户经理向客户介绍银行产品时，首先应对银行产品有所了解，这是成功营销的基础步骤。比如，全面了解银行产品和服务及其具体操作方式、产品和服务的优势和劣势、竞争对手的产品和服务等。

（3）客户知识。

客户经理要善于分析和了解客户的兴趣爱好、非语言信息、购买习惯和动机等综合情况，并针对不同客户的不同金融需求，采取不同的营销对策。

2. 职业辅助知识

除了专业知识外，客户经理还应掌握一些辅助知识，如财会知识、法律知识等。客户经理不仅要全面了解财会知识，而且要熟练运用金融法律法规、行政法规、经济法规、社会法规，依法操作，按章办事，并凭借法律武器维护本银行的正当权益，保护客户的合法权益，同时保护自己的安全。

▶高超的技能

客户经理除了要丰富自己的专业知识外，还要提高自己的职业营销技能和"魔鬼营销"的技能。

1. 职业营销技能

职业营销技能主要包括信息认知能力、财务顾问能力、拓展演示能力、协调沟通能力等。

（1）信息认知能力。这种能力主要包括对客户信息的收集与提炼、分析与判断、传递与反馈的能力。

（2）财务顾问能力。这种能力是指银行客户经理能够综合分析客户的业务状况，挖掘业务需求，提出综合解决方案，满足客户个性化设计的要求，从而实现双赢。同时，还能够为客户提供变化应对等方面的建议，起到财务顾问的作用。

（3）拓展演示能力。这种能力是指拓展新客户，发展新业务，利用专业化的演示沟通方法，使客户建立信任感，提高客户的忠诚度。具体包括选择目标客户、建立可信度、打动客户、展示产品和服务的比较优势、商业演示等技能。

（4）协调沟通能力。这种能力主要指对内、对外的人脉沟通和商务谈判的能力，是客户经理顺利开展业务的主要能力。内部沟通主要是对不同部门、团队成员的沟通，外部沟通主要是对客户、同业、政府等方面的沟通。

2. "魔鬼营销"技能

一项调查表明，客户经理和柜台员工在面对客户的拒绝时，44%的人在被客户第一次拒绝后会放弃，22%的人在第二次被客户拒绝后会放弃，14%的人在被客户第三次拒绝后会放弃，12%的人在被客户第四次拒绝后会放弃。也就是说，高达92%的客户经理不能坚持到第五次，最后只有8%的客户经理坚持了下来，他们营销的业绩占到总体业绩的60%～80%。被客户拒绝五次后，还能坚持营销的客户经理，我们称他们具有"魔鬼精神"。

　　客户经理能让客户使用银行五种以上的产品或服务的营销，被称为"魔鬼营销"。这种营销方式可以有效地降低客户的流失率。因为当一个客户使用一家银行的多种产品后，理财增值会更多，得到的优惠会更多，办理业务的方便程度会更高，对一家银行的依存度也会更高。实践证明，一个客户使用银行五种以上的产品或服务，留存率高达88%。

💡 小贴士

　　客户经理在向客户营销金融产品和服务时，运用最多的就是财务和信用状况分析的知识。因此，客户经理要着重学习这方面的内容。

客户经理应掌握的营销礼仪

礼仪是人们在交往活动中体现相互尊重的行为准则。礼仪的核心作用是体现人与人之间的相互尊重。礼仪在营销活动中的运用即为营销礼仪，也就是营销人员在营销活动中为表示尊敬、善意、友好等的道德、规范、行为及一系列惯用形式。营销礼仪是客户经理必备的素质和基本条件。

1. 电话礼仪

要正确、有效地使用电话，应该做到亲切文明、简洁准确。

（1）铃声不过三。

当电话铃声响起后，务必在三声之内接听，以体现银行的工作效率。如果没有及时接听电话，应在拿起话筒后先向对方表示歉意，并做出适当的解释，如"很抱歉，让您久等了"等。

（2）打电话时要坐姿端正。

打电话时，如果弯着腰或躺在椅子上，对方听你的声音就是懒散的、无精打采的；如果坐姿端正，所发出的声音就会亲切悦耳、充满活力。因此打电话时，即使看不见对方，你也要尽可能地注意自己的坐姿。

（3）挂电话前的礼貌。

挂电话前为避免犯错误，应重复一次电话中的重要事项，再次明确目的后，向对方说一声"谢谢""再见"之类的礼貌用语。另外，要等对方挂电话后再放下话筒，注意挂电话时应小心轻放。

2. 上门营销礼仪

上门营销是指银行组织营销人员到机关、企业、事业单位等大客户单位上门进行宣传，帮助策划定向开发产品、销售产品，或以结合当地举办各类活动的方式进行产品销售等活动。上门营销时，如果想给客户留下良好的第一印象，就必须掌握一些必要的礼仪。

（1）注意仪容、仪表的礼仪。

仪容、仪表的礼仪包括：头发整洁、无异味；不能留长指甲，指甲缝中不能有污垢；男性胡须要剃干净，鼻毛应剪短；女性可适当化淡妆；服装的款式和色彩的搭配要大方、协调；服装要干净、整洁，不能有褶皱、异味和油迹。

（2）正确的自我介绍。

自我介绍时，态度要自然、友善、亲切、随和，既不宜胆小怯懦，又不宜轻浮夸张；一般自我介绍控制在半分钟以内，要体现出训练有素。

另外，名片的递送先后虽然没有太严格的礼仪讲究，但也有一定的顺序。一般是地位低的人先向地位高的人递名片，男性先向女性递名片。当对方有多人时，应先将名片递给职务高或年龄较长者，或是由近及远递，依次进行。

（3）握手的要求。

握手时，应距对方约一步远，上身稍向前倾，两足立正，伸出右手，四指并拢，虎口相交，拇指张开下滑与对方握手。

掌心向下握住对方的手，显示一个人强烈的支配欲，应尽量避免这种傲慢无礼的握手方式；掌心向上握手显示一个人的谦卑和毕恭毕敬。平等而自然的握手方式是两手双方的手掌都处于垂直状态，这是一种最普通、最稳妥的握手方式。

3. 柜台营销礼仪

柜台营销是银行营销的促销手段之一。从狭义上说，柜台营销礼仪就是利用现有的柜台和人员，在客户办理业务的同时，把客户可能需要的其他金融产品或服务推销给客户。柜台是体现银行服务形象的窗口岗位，柜台营销人员要有正确的站姿、坐姿和走姿。

（1）站姿。

银行服务站姿具体包括叉手站姿、背手站姿和背垂手站姿。

叉手站姿：两手在腹前交叉，右手搭在左手上直立。这种站姿，男性可以两脚分开，距离不超过20厘米；女性可以用小丁字步站立。

背手站姿：双手在身后交叉，右手贴在左手外面，两手贴在两臀中间，两脚可分可并。两脚分开时，不超过肩宽，脚尖展开，挺胸立腰，收下颚，收腹，双目平视。

背垂手站姿：一手背在后面，贴在臀部，另一手自然下垂，手指自然弯曲，中指对准裤缝，两脚可以并拢，也可以分开，也可以呈小丁字步。

（2）坐姿。

在正式场合，坐时需从左入，目视前方，收腹挺胸，双手轻松放在膝盖上，双腿、双脚并拢，女性臀部占椅子的三分之二。

（3）走姿。

行走时，应该挺胸抬头，眼睛平视前方，脚尖向前、重心在脚掌上，双手在身体两边自然摆动，走出节奏。引导客户上楼时应该让客户走在前面，引导人员走在后面；而下楼时引导人员应该走在前面，客户走在后面。

> 💡 **小贴士**
>
> 在营销过程中，客户经理应表现出的服务理念有三种：主动服务、周到服务和热情服务。主动服务就是服务要在客户开口之前进行；周到服务指在服务内容和项目上要细致入微，处处方便客户、体贴客户，为客户排忧解难；热情服务表现为服务精神饱满、热情好客、动作迅速、面带微笑。

情绪是影响营销的关键因素

人的一生需要拥有多种素质，其中最重要的一点就是保持情绪稳定。

罗伯·怀特曾说："任何时候，一个人都不应该做自己情绪的奴隶，不应该使一切行动都受制于自己的情绪，而应该反过来控制情绪。"对于客户经理来说，有很强的情绪自控能力是一项必不可少的基本素质。

1. 克服恐惧

恐惧是客户经理从事营销工作应避免的最基本情绪障碍。有恐惧感的人通常会有很重的心理负担，但只有勇敢地面对恐惧，才能有效地缓解恐惧感。否则，恐惧会支配你的精神和身体，阻碍你工作的顺利进行。下面的三种方法可以帮助你克服恐惧。

（1）停止负面的揣测。

有他人在场时，你感到不舒服，这很可能是因为你在揣测他人对你的看法，而且，你揣测的这些看法大多是负面的。所以，请不要再揣测他人对自己的评价，不要让错误臆想影响了自己的社会交往活动。要知道，你的想法并不代表他人的想法，所以，你并不能确定他人对你的评价。

（2）寻找积极的回馈。

有恐惧感的人总是习惯性地避免与他人直视，或是习惯性地扫视他人的脸庞，并从中寻找负面表情，以致使自己在社交中更紧张。其实，你可以有意识地寻找那些积极的信号。

（3）注意别人的谈话内容。

许多有恐惧感的人很难跟上正在进行的话题，主要是因为他们的注意力集中在别人对自己的看法上。假如你脑袋里充满了对自己、对他人想法的各种议论，那么你就很难听清楚别人的谈话内容。因此，一个有效的应对办法就是专心地听别人说话，这可以有效地缓解恐惧感。

2. 驾驭愤怒

美国心理学家雅克·希拉尔说："愤怒是一种内心不快的反应，它是由感到不公和无法接受的挫折引起的。"无论是一触即发，还是一味隐忍，愤怒都是坏情绪的红色警报。在营销过程中，银行客户经理要克制住自己的愤怒情绪，否则很可能会失去自己的客户。

下面是五种帮你控制愤怒的方法，只要多加练习，就能有效驾驭愤怒。

（1）集中注意力，感受你愤怒的身体反应。

（2）多做几次深呼吸，慢速深呼吸能够缓解情绪的冲动。

（3）多做运动，到街上快步走几圈。

（4）活动一下因为不良情绪而变得发紧的肩膀，按摩一下头部和颈部。

（5）慢慢地从一数到十。

3. 扔掉自卑

许多客户经理的工作能力并不差，最后却失败了，原因就可能出在自卑上。自卑，就是一个人对自己的能力、品质等做出偏低的评价，总觉得自己不如人，总是悲观失望、丧失信心等。

对于有自卑感的客户经理，下面给出了四点建议，希望对你有所帮助。

（1）学会接纳自己，认识自己的不足，同时肯定自己的价值，改变不良的认知。

（2）在工作或社交活动中有意识地锻炼自己的能力，循序渐进，由易到难，逐渐培养自信心。

（3）做事情要量力而行，不要给自己施加太多无谓的压力。遇到有压力的事情时，事前要做好充分准备，做最坏的打算，理性认识事情的后果，避免盲目扩大失败的后果，从而无形中增加压力。

（4）在工作中，要懂得将与别人的能力差距转化为前进的动力，相信行动远比思想更重要，更多地关注行动，不断地完善自己，强化自己，从而增强与人交往的信心。

> 💡 **小贴士**
>
> 自我情绪控制法主要有思想控制法、行动消除法和视线转移法。思想控制法，指先控制思想，从而控制行为；行动消除法，即直面困难，想办法解决，这样问题才不会越积越多；视线转移法指的是将视线从不良情绪的目标上转移开。

客户经理营销过程中的五个"不要"

在市场经济条件下，哪家银行拥有更多优质客户，它就拥有竞争的主动权，从而赢得更广阔的市场。银行客户经理在营销过程中应避免五个"不要"，这是做好工作的首要前提。

1. 不要以貌取人

识别是面对客户服务的第一关，客户经理在识别客户时不要以貌取人、以车取人，其貌不扬的客户不一定是小客户，骑自行车的人也不一定是小客户。一个优秀的客户经理应全面观察、分析周围的每一位客户，既要从平凡人身上发现有价值的东西，又要看到优秀者身上的弱点。营销不要只看一个人的表面，而要看一个人的实质，这样才能成为一名营销高手。

2. 不要欺骗客户

一些客户经理为考核成绩，不惜欺骗客户，最后将客户不需要的银行产品卖给对方。时间久了，客户就会对银行失去信赖。为了推销银行产品，任何片面地夸大产品的作用，有意向客户隐瞒银行产品存在的风险的营销方式都是不可取的。

在市场竞争日益激烈的今天，为客户着想、满足客户的需求是客户经理成功营销的关键因素，它能使双方之间的关系更加协调，营销起来更加顺利。因此，客户经理不能只站在自己的立场上去忽悠客户，而要懂得换位思考，为客户着想，推介符合客户需求的银行产品才行。

3. 不要盲目树敌

近几年来，银行之间的业务竞争日趋激烈，各商业银行内部网点之间、同事之间的竞争无处不在、无时不有。如果你片面地认为竞争就是争斗，盲目地将竞争对手看作敌人，则会和竞争对手产生不可调和的矛盾，甚至和竞争对手发生冲突，最终造成不必要的损失。客户经理要知道，在一定条件下，你的竞争对手可以转化为合作伙伴。因此，你应加强和竞争对手的合作，化敌对为合作，从而让营销工作更加顺畅。

4. 不要一卖了之

银行客户经理将理财产品卖出去之后，营销工作还不算结束，充其量只能说营销工作才完成了一半。真正成功的营销是一个系统工程，还包括优质的售后服务。因此，客户经理将产品售出后，千万不能一卖了之，还要继续做好售后服务工作。比如，不定期地走访客户，特别是节假日期间要登门拜访、适时地向客户提供感情问候，并及时向客户提供最新的业务和相关政策信息，以达到长期合作的目的。

5. 不要孤军奋战

对于客户经理来说，真正意义上的成功是组建一支优秀的执行团队，靠上下级之间、部门之间、员工之间、网点之间共同合作的力量来推动营销，用合作实现共赢。特别是在市场竞争激烈的形势下，更需要加强团队精神，这样才能取得营销的成功。总之，客户经理要做到：加强团队建设，坚持民主决策，在各级管理层、上下级之间形成相互尊重和团结的协调氛围。

> 💡 **小贴士**
>
> 客户经理想提高自己的营销能力，就要运用好四个主要技巧：一是捕捉信息，搜索资料；二是择优筛选目标客户；三是主动出击，做好前期策划；四是推介产品，吸引客户。

营销扩展知识：认识银行营销

如今的银行经营越来越富有色彩，微笑服务广泛流行，客户的价值得到了充分认可，以客户为中心的经营理念被越来越多的银行高管接受。因此，银行营销的时代来临了。

20世纪50年代中期之前，银行业很少关注市场营销。从那之后，银行业迎来了迅速发展的黄金时期，业内竞争越来越激烈，银行产品市场也从卖方市场转变为买方市场。于是，很多银行开始关注如何在竞争中脱颖而出，将产品成功销售给客户。从20世纪70年代开始，银行业才真正开始实施以营销为中心的银行经营管理。

▶银行营销的概念

银行营销概念的出现，最早可追溯到于1958年召开的美国银行学会年会上。会上首次提出了"银行营销"的概念，但是，这次会议仅把银行营销简单看成是"广告与公共关系"的代名词。1972年，英国《银行家杂志》提出了"商业银行营销管理是指把盈利的银行服务传递给经选择的客户的一种管理活动"。

根据市场营销的本质以及银行市场营销的特殊性，我们将"银行营销"定义为：商业银行以客户的金融服务需求为中心，通过创造和销售客户需要的金融产品和服务，建立、维护和发展与各方面的关系，以实现各方利益的一种经营管理活动。

▶银行营销的特点

银行是经营货币的特殊企业，所以银行营销具有自己的特点。

1. 属于服务营销

从表面上看，银行提供给客户的是不同的产品组合或形式，但透过银行的各项业务来看，其核心却是服务。根据这种特性，银行在设计市场营销方案时，应考虑服务本身所具有的四种特性：无形性、不可分割性、可变性和易消失性，并且力争让客户满意。

（1）无形性。

无形性，指的是服务是抽象的，不具备实体性。因此，银行人员的主要任务是使服务在一个或几个方面实现有形化，使客户可以有更加良好的体验和感受。

（2）不可分割性。

不可分割性，指的是服务与服务提供者不能分离，不管提供者是人还是机器。

（3）可变性。

可变性，指的是服务质量取决于银行服务人员、时间、地点和方式等各种因素。

（4）易消失性。

易消失性，是指服务不能储存以供今后销售或使用。

2. 实施整体营销

整体营销是指商业银行以客户需求为中心，把内部营销、传统营销及互助营销等策略组合为一个有机的整体，积极地管理客户期望，提升客户对服务质量的评价，提高客户满意度，最终实现利润最大化。

3. 注重关系营销

商业银行的关系营销主要是指银行与客户及其他利益相关人或组织建立长期、稳定、互信、互惠关系的活动或过程。它的核心是银行与客户之间的长期关系，而保持和发展这种关系是它的重要内容，也是银行营销过程中关注的重点。

4. 采用直接营销渠道

营销渠道，是指为使企业产品或服务更加方便消费者使用或消费这一过程有关的一整套相互依存的机构。

通常，营销渠道分为直接营销渠道和间接营销渠道。直接营销渠道指中间没有层次，由企业直接向客户提供产品或服务的营销方式。商业银行采用的就是直接营销渠道，能够凸显其各种优势和特性。

5. 目的是实现双赢

银行营销的目的有两个：一是提高自身的市场竞争力，满足自身的发展需要；二是向目标客户提供他们所需要的金融产品和服务，满足客户的金融需求。

▶银行营销组合策略理论

银行的营销组合策略是指银行选定目标市场后，综合运用市场营销策略和手段，达到经营目标，取得理想的经济效益。银行营销组合策略理论经历了4P营销组合理论、7P服务营销组合理论、4C营销组合理论和4R营销组合理论的发展过程。

1. 4P营销组合理论

4P营销是指产品（Product）策略、价格（Price）策略、分销（Place）策略和促销（Promotion）策略。

2. 7P服务营销组合理论

1981年，布姆斯和比特纳提出，在传统的4P理论基础上增加三个服务性的策略，即人员（People）、过程（Process）、有形展示（Physical evidence）管理策略，从而构成了支撑服务营销的7P营销组合理论。

3. 4C营销组合理论

4C营销组合理论以消费者的需求为导向，重新设定了市场营销组合的四个基本要素：客户（Customer）、成本（Cost）、便利（Convenience）、沟通（Communication）。

4．4R营销组合理论

美国学者唐·舒尔茨在4C营销理论的基础上提出了一种新的营销理论——4R营销理论。它包括关联（Relevance）、反应（Reaction）、关系（Relationship）和回报（Reward）营销四要素。

第二章

开展市场调查与研究，精准定位目标客户

选择目标客户是制订营销计划和确定营销策略的前提条件。目标客户是指客户经理通过市场细分后所确定的重点营销对象，是能够满足银行现实或潜在金融需求并从服务中获得盈利和发展的客户群。目标客户不会主动送上门来，银行客户经理需要使用各种办法精准定位目标客户。

一个有着良好业绩的客户经理，通常有准确选择和确定目标客户的能力。因此，客户经理要特别重视寻找目标客户的工作，不断提高自己这方面的能力，从而赢得更多的客户。

银行营销环境的分析

银行营销环境是指影响银行生存与发展的力量总和，或者说是一切影响和制约银行营销活动的外部力量和相关因素的集合，是影响银行生存和发展的各种外部条件。

银行营销环境的主要特点有四点：一是客观性，指银行营销环境的存在不以银行的意志为转移；二是动态性，指影响营销的环境因素始终处于变化之中；三是复杂性，指银行营销环境涵盖可能会影响市场营销的一切宏观、微观因素，这些因素还彼此相互作用和联系；四是不可控性，指营销环境是银行无法控制的外部影响力量。

一般来说，银行营销环境分析的主要内容包括：宏观经济状况，行业发展状况、趋势、规则调查，政策、法律环境调查。

1. 宏观经济状况

得益于改革开放以来的财富创造积累和近年来宏观经济、资本市场等的快速发展，我国银行业获得了较快发展。因此，了解宏观经济形势，掌握一定的经济情况，是银行营销环境分析的一项重要内容。

具体来说，就是宏观经济变动使得价格、利率和汇率大幅度波动。而价格、利率和汇率均为对银行经营成本和利润有直接影响的变量，当这些变量大幅度波动，且变化趋势又无法准确预测时，经济的不确定性就增大了，银行业所面临的风险也就随之增加。

2. 行业发展状况、趋势、规则调查

银行业在中国金融业中处于主体地位。近年来，中国银行业改革创新取得了显著的成绩，整个银行业发生了历史性变化，在经济社会发展中发挥了重要的支撑和促进作用，有力地支持中国国民经济又好、又快地发展。

2017年，银监会（2018年3月更名为"银保监会"）组织开展了"三三四十"等一系列专项治理行动，下大力气整治银行业市场乱象，取得了阶段性成效，银行业经营发展呈现出积极变化，整体保持稳中有进的良好态势。但是，整治银行业市场乱象具有长期性、复杂性和艰巨性特点，是当前及今后一段时期银行业改革发展和监管的一项常态化重点工作。

2018年5月银保监会正式发布《商业银行流动性风险管理办法》（以下简称《办法》），该《办法》自2018年7月1日正式实施，《办法》相比原有的流动性监管考核，最大的变化在于引入了三个新的量化监管指标，再加上现有的流动性比例和流动性覆盖率两项监管指标，对不同资产规模的银行实行不同的监管指标要求。

今后以互联网为代表的现代信息科技，特别是移动支付、云计算、社交网络和搜索引擎等，将对人类金融模式产生根本的影响，这些外部环境的改变将导致银行业金融机构发生深刻的变化，未来中国银行业势必将实施更加多元化的经营战略。

3. 政策、法律环境调查

对于银行来说，法律是评判各种营销项目的准则，只有依据法律、法规进行各种活动，才能受到国家相关法律的保护。因此，客户经理必须了解一些基本的法律法规，如《中华人民共和国商业银行法》《中华人民共和国银行业监督管理法》《中华人民共和国证券法》《中华人民共和国保险法》《中华人民共和国担保法》《中华人民共和国票据法》《中华人民共和国外汇管理条例》和《商业银行理财产品销售管理办法》等。

> 💡 **小贴士**
>
> 市场营销环境对银行的营销活动存在有利或不利的影响，有着促进或制约的作用。环境中的有利因素会为银行提供营销机会，而不利因素则会对银行的发展造成威胁。

分析银行的竞争对手

通常情况下，一家企业看好的客户，其竞争对手也会看好。当某一部分客户对某种产品和服务产生需求的时候，市场就产生了。与此相对应，以生产经营类似产品和服务来满足这个市场需要的竞争者所组成的行业也就应运而生了。正所谓"知己知彼，百战不殆"，银行客户经理要懂得如何深入分析银行的竞争对手，这样才能更好地为业务推销做准备，才能吸引更多的目标客户。

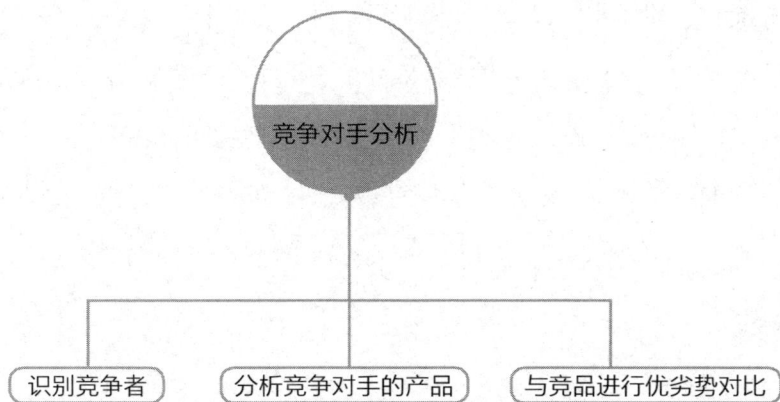

竞争对手分析

识别竞争者　分析竞争对手的产品　与竞品进行优劣势对比

1. 识别竞争者

银行参与市场竞争，不仅要了解谁是自己的客户，还要弄清谁是自己的竞争对手。从表面上看，识别竞争者是一项很简单的工作，但是，由于需求的复杂性、层次性、易变性，技术的快速发展和演进，产业的发展使得市场竞争中的银行面临复杂的竞争形势。

（1）识别主要竞争对手。

各个银行的主要竞争者有以下三大类：

·中国中央银行：中国人民银行。

·中国政策性银行：国家开发银行、中国进出口银行、中国农业发展银行。

·具有代表性的商业银行：中国工商银行、中国农业银行、中国银行、中国建设银行、中国邮政储蓄银行、交通银行、招商银行、浦发银行、中信银行、中国光大银行、华夏银行、中国民生银行、广发银行、兴业银行、平安银行、浙商银行。

（2）识别潜在竞争对手。

当银行业前景乐观，银行业务有利可图时，会引来新的竞争者——它们为市场提供更多的产品和服务，并重新瓜分市场份额——这些新加入的竞争者将导致行业利润减少。因此，客户经理不仅要能识别主要的竞争对手，还要能识别那些潜在的竞争对手。比如，根据银行的信贷和理财产品，可判断出能取代这些的一些风投机构和融资公司等，它们和银行虽然不是一个类型，但确实存在竞争关系。

2. 分析竞争对手的产品

在识别了银行的竞争对手后，接下来最关键的是对竞争对手的产品进行分析。这一步骤的目的不仅是进一步了解竞争对手，更是从中找出双方的优势和劣势，为自己产品和服务方式的改进提供良好的依据。

银行客户经理可以从以下分析内容出发。

（1）客观分析。

客观分析就是分析各大银行各种产品的详细内容、销售情况和销售方式等，从中得出一些真实的信息，切记不能加入主观判断。

（2）主观分析。

主观分析是站在客户的角度，对竞争对手的一种主观体验，如产品的实际效果如何，和自己的产品比有什么差异，竞争对手的客服态度，等等。

（3）竞品类别分析。

竞品类别分析对自己银行的产品营销有着重要的参考价值。

（4）竞争对手销售情况分析。

如果竞争对手的产品很受客户欢迎，客户经理要从中学习并为自己所用；如果竞争对手的产品不受客户欢迎，客户经理要分析其中的原因，并在自己销售的过程中避免此类情况的发生。

3. 与竞品进行优劣势对比

在全面分析竞争对手的产品后，客户经理需要对比自己的产品，找出自己产品的优势和劣势，从而对自身产品有一个全方位的了解。

与竞品进行优劣势对比时，客户经理可以使用SWOT分析，这样不仅能够看到产品存在的优势和劣势，还能对其存在的机会和威胁一目了然。SWOT分析是由美国旧金山大学管理学教授海因茨·韦里克在20世纪80年代提出的。SWOT分别是Strengths（优势）、Weakness（劣势）、Opportunity（机会）和Threats（威胁）。

另外，SWOT分析是战略分析使用最广泛、最经典的分析工具，是银行分析竞争对手的一种综合分析方法。在竞争对手分析方面，它是银行将自己与竞争对手相关的各种内外部相关因素匹配起来加以分析，得出相应的结论。SWOT分析法中四个部分的具体解释如下。

（1）优势。

优势指银行在竞争中比较强势的方面。优势分析是指银行对自己和竞争对手分别做内部因素的分析，通常包括资源优势、产品优势、品牌优势、市场优势、技术力量、成本控制等。

（2）劣势。

劣势指银行在竞争中比较弱势的方面。劣势分析同样是银行对自己和竞争对手分别做内部因素的分析，通常包括技术力量薄弱、管理不善、资金短缺、体质不完善等。

（3）机会。

机会指由于外部环境的改变，出现了有利于银行的机遇或新的金融需求。

（4）威胁。

威胁同样是由外部环境带来的，主要是指一些不利于银行的趋势和发展带来的挑战，通常包括新的竞争对手、替代产品增多、金融市场紧缩、行业政策变化、经济增速减慢或衰退、客户偏好改变、突发事件等。

小贴士

与竞品进行优劣势对比不是最终目的，最终目的是完善自己的产品和服务，使产品和服务更受客户的喜爱和欢迎。

鼓励已有客户推荐目标客户

鼓励已有客户推荐目标客户的方法非常适用于那些已经有了一定业务基础、掌握了一定的技能并且需要进一步拓展客户群的客户经理。

社会学家经研究表明，一个客户最少可以带来5个客户，最多可以带来49个客户。客户经理要想建立客户关系网，只靠个人的力量是不够的，还要鼓励老客户给自己介绍新客户，从而开发更多的目标客户。比如，如果你和某集团总部合作，那么就要想办法让它的子公司也到你的银行开户；如果你和某集团总部的子公司有业务往来，就要想办法结识它的总部相关业务负责人。

鑫源仓储有限责任公司是A银行的优良客户，双方已经合作很多年，并且对彼此都比较满意和信任。李响是A银行的客户经理，与该公司的王总关系很不错。在一次交谈中，李响了解到公司的交易商户普遍需要流动资金，这些商户在仓储公司都存放了比较多的货物。

于是，李响很快就邀请了鑫源仓储有限公司的王总一起去拜访这些商户。在拜访的过程中，李响得知虽然这些商户的规模比较小，但他们的效益还不错，并且经营比较稳定。最终，银行与该仓储公司合作，共同给这些小商户提供流动资金的贷款。

在上面的案例中，A银行客户经理李响鼓励优良客户王总给自己推荐目标客户。这种方法不仅减少了寻找客户的盲目性，还增强了被推荐客户对你的信任。当然，得到的新目标客户也可以在以后为自己引荐其他客户，从而使客户量呈滚雪球式的增长。

使用这种方法时，客户经理需要注意以下四点内容。

1. 得到已有客户的认同

使用这种方法有一个前提，即客户经理要能够得到已有客户的足够认同。因为只有这样，已有客户才会愿意主动帮你推荐其他客户。另外，要尽可能地选择有影响力的已有客户做推荐，这样可以增强对潜在客户的影响力。

2. 让客户认同你的产品

要想让已有客户帮你把产品介绍给其他客户，首先必须让已有客户认同你的产品。如果你营销的产品非常好，对方自然乐意同朋友分享。

3. 敢开口要求转介绍

许多客户经理在请求已有客户介绍新客户的时候，往往会遇到一些心理上的难题。比如，怕客户反感、认为自己太鲁莽、认为对方会拒绝自己、怕客户会被自己吓跑等。但事实上，客户经理最大的心理障碍不是别人，而是自己，只要克服内心的恐惧，敢于开口要求转介绍，对方通常都会乐意接受的。

客户经理："您好，王老板，我是××银行的小刘。最近您又赚大钱了吧？赚大钱得想着我呀，您多给我介绍些客户啊！"

已有客户："你想要什么样的客户？"

客户经理："跟您一样是最好了。您看这两天您什么时候有时间，我去拜访您，咱们谈一谈客户的事情？"

4. 感谢客户的推荐

只要客户同意帮你推荐，不管对方是否已经在推荐，你都要真诚地感谢他。这不仅仅是出于礼貌，还能提醒客户在未帮你推荐之前考虑这件事情。

如果客户推荐成功，你需要再次感谢你的客户。这不仅是表达谢意，还会鼓励你的客户给你介绍其他目标客户。

💡 **小贴士**

在鼓励客户推荐目标客户时，要采用客户能接受的方式。比如，对于意愿性比较强的、看重得失的客户，你可以给予奖励。

弄清银行客户的分类

对于银行业来说，最重要的不是资产，而是客户。谁掌握了客户，谁就掌握了市场和未来，也就掌握了财富的源泉。因此，客户经理要了解银行客户的分类，进而发现客户的需求，并制定不同的营销策略。

银行客户分类对客户经理的具体作用表现在三个方面：一是可以有效识别目标客户群体，二是能准确地把握目标客户的需求，三是提供合适的银行产品和服务。

1. 按客户的主体不同分类

按客户的主体不同，可以把客户分为三大类：个人客户、公司客户和机构客户。

（1）个人客户是金融市场上最基本的客户，也称为终极客户。个人客户对金融的需求在内容、范围、行为活动的形成上都有自己的特点，可以说是千差万别。因此，客户经理在拓展个人客户业务时，应注重个性化服务。

（2）公司客户主要是指工商企业类客户，他们是银行资金主要的供给者，也是银行主要的资金供给对象。

（3）机构客户包括金融类客户和非金融类客户。金融类客户包括中央银行、政策性银行、商业银行、信托投资公司、证券公司、基金管理公司、保险公司、资产管理公司、财务公司和典当行等；非金融类客户包括政府及政府机构、医院、学校、新闻出版部门、协会、研究机构、会计师事务所、律师事务所等。

2. 按客户需求的高低分类

按客户需求的高低，可以将客户分为基本需求类客户、增值需求类客户和价值需求类客户。

（1）基本需求类客户仅仅以满足自身存款、贷款、结算和货币兑换为目的。

（2）增值需求类客户对银行的要求是：银行提供的产品或服务能满足自身资金增值的需求。

（3）价值需求类客户是银行最关注的客户群，这类客户为了使自我价值更加完善，要求银行提供优质、高效和个性化的金融产品或服务。

3. 按客户与银行往来的频率及给银行带来收益的大小分类

按客户与银行往来的频率及给银行带来收益的大小，可以将客户分为潜在客户、过客、一般客户、常客和种子客户。

（1）潜在客户是指存在与银行现实提供的产品或服务完全对应或部分对应的需求，但还没购买这些产品或服务的客户。

（2）过客是指对银行的产品或服务已经产生了注意、记忆、思维和想象，并形成了局部购买欲，但还没产生购买行动的客户。

（3）一般客户是指直接消费银行产品和服务的消费者。无论数量大小、次数多少，只要消费过银行的产品和服务，就是银行的一般客户。

（4）常客是指经常购买银行的产品或服务的客户。

（5）种子客户是由常客转化而来的客户，是指除自己反复消费外，还能给银行带来新客户的特殊客户。

4. 按客户为银行带来的价值大小分类

按客户为银行所带来的价值大小，可以将客户分为高价值客户、微利客户、保本客户和亏损客户。

（1）高价值客户是能为银行带来高收入、高收益的客户，是银行的主要盈利来源。

（2）微利客户也称有增值潜力的客户，虽然他们为银行带来的收益不高，但是他们很有增值潜力。这类客户的人数众多，是银行的基础客户群体。

（3）保本客户，指给银行带来的收入和成本基本持平的客户。

（4）亏损客户，指给银行带来的收入不足以弥补银行投入的成本的客户。

5. 按客户对银行产品类型需求的不同分类

按客户对银行产品类型需求的不同，可将客户分为负债类客户、资产类客户和中间业务类客户。

（1）负债类客户是以存款业务为主，包括活期存款和定期存款。对银行来说，最有意义的就是存款，因此银行应营造良好的环境，提供优质的服务，以吸引这类客户。

（2）资产类客户是以获得贷款为目的的客户，如固定资产贷款、抵押贷款、流动资金贷款和消费贷款等。

（3）中间业务类客户，指的是主要接受如代理保险、理财、信托、代收代付等金融服务的客户，以实现银行逐渐增长的收入来源。

> **💡 小贴士**
>
> 目标客户是指客户经理依据本行客户拓展战略以及目标市场的战略定位，通过市场细分后确定的重点营销对象，是银行能够满足其现实或潜在需求，并从服务中获得盈利和发展的客户群。

"扫楼扫街"，确定目标客户

在当前银行业竞争激烈的情况下，客户有太多的选择，仅仅做好厅堂客户经理，已经不足以吸引客户。在新形势下，客户经理必须主动出击，从"坐以待'币'"转变为主动寻找客户。

"扫街"这个词对销售人员来说并不陌生，甚至可以说是业务员的基本功。对于销售人员来说，大多数目标客户都是在"扫街"的过程中完成的。

银行"扫街"就是要求客户经理打破客户自动上门的传统营销方式，主动走出银行，对城区、郊区、集镇的主次干道、街道，根据门牌号逐家逐户地进行地毯式的拜访和宣传，把金融服务送到小微客户的门前或店内。

对于银行业来说，随着小微金融的兴起，对商业区的小微企业进行扫街式的服务，必将成为银行新的业绩增长点。比如，在银行辖区内共有多少家商户，哪些商户有贷款意向，哪些商户是需要继续跟进的目标客户，哪些商户还没有本银行的账户等，这些信息都必须靠客户经理在"扫街"的过程中逐人逐户收集信息，了解需求。

"扫街"与"扫楼"意思差不多。它们的不同之处是，"扫楼"强调的是走进写字楼，挖掘单位客户资源。下面案例中的银行客户经理就是通过"扫楼"找到了目标客户。

王凯是A银行的客户经理，为了拓展本银行的国际业务大力营销出口退税贷款，他在"扫楼"的时候发现了××有限责任公司是出口创汇大户，年出口额1000多万美元。但该公司已经在B银行开立基本户，长期在C银行办理国际结算，并有退税贷款。

王凯觉得自己的机会并不大，但他并没有放弃，而是多次拜访该公司的总经理。最后，他终于得知该公司的一些信息：在B银行开基本账户的只是一个分理处，业务品种不全，只能办理质押贷款，且融资利率比较高。

回去后，王凯对这些信息认真研究了一番，并和自己银行的业务产品做了一个优劣势对比。第二天，他又去拜访该公司的总经理，并不失时机地推介了自己银行业务产品的优点，还提出了以本行应收账款质押签发银行承兑汇票方案置换其他银行退税贷款的方案。

"扫楼"不仅可以使客户经理找到自己的目标客户，还可以帮客户经理了解市场和客户。但这种方法也带有一定的盲目性。因此，客户经理无论是"扫楼"还是"扫街"，都应注意以下四点内容。

（1）在"扫楼扫街"的过程中，要注意收集目标客户的原始信息，防止因为财务管理水平差异而造成信息不准确的情况。

（2）"扫楼扫街"后，客户经理要及时对客户的信息进行整理、录入，建立客户档案，分析客户的相关需求，为以后营销产品、满足客户需求提供信息支持。

（3）要充分了解各个行业的特征，选择"扫楼扫街"的恰当时机。

（4）在"扫楼扫街"的过程中，客户经理必须留意细节，忌带着个人情绪工作，力求改善客户体验，提升银行的品牌形象。

另外，对于不同的客户群体，客户经理要进行不同的客户需求分析，才能有针对性地为客户提供金融解决方案，提高客户转化率。在此，我们可将目标客户群体分成五类：商区、社区、园区、农区和机关。

1. 商区

进商区的主要目标客户为小微企业，营销方式为"扫街"，主要推销的业务是以POS机、商户贷、信用卡为主的综合金融服务。

2. 社区

进社区是指在社区及商场等人流量大的场所进行"扫街"、摆摊等社区营销活动。客户经理可以向社区客户普及各种防诈骗手段、金融知识，也可以全面宣传银行各类金融产品和知识，引导客户了解、使用银行新业务，同时增强社区客户的理财观念。

3. 园区

进园区指的是开发工业园区的企业客户。在业务推荐方面，客户经理应侧重提供对公金融的一条龙解决方案。

4. 农区

进农区指的是开发当地农村客户。农村人更注重储存，是银行吸纳存款的最大目标客户。

5. 进机关

进机关是指开发党政机关单位客户。通过对辖区内相关单位信息的整理、分析，分批次、有重点地对各类企事业单位进行上门营销，将金融服务带到各行政事业单位，尤其是对信用卡业务的开发。

> 💡 **小贴士**
>
> 银行之间的竞争归根结底是客户的竞争。面对网点客户到访量严重不足、低效客户占据网点资源这种问题，客户经理必须积极向市场要客户，向市场要产能，因此走出去抢夺资源势在必行。

分析客户的属性，定位目标客户

客户的属性是指客户具有的可以用来区分的特点，包括客户的年龄、性别、收入、消费行为和兴趣爱好等。银行客户经理可以根据客户的属性做出一定的判断，从而定位目标客户。

1. 客户的年龄

年龄会对一个人的生理、心理和社会、家庭角色产生一定的影响，因此不同年龄段的人有不同的需求。因此，通过客户的年龄段，我们可以在很大程度上判断出一定的信息。比如，年轻人接受能力强，对银行的新产品会有较大的好奇心和购买欲；而年龄稍大的人群的资产管理会比较保守，也会更理智一些。

2. 客户的性别

男性客户和女性客户在生理和心理上有着很多的不同。比如，男性客户往往考虑各种利害关系，注重长远利益，决策迅速，理智多于情感；女性客户往往在感情上较为细腻和敏感，具有较强的主动性和灵活性，但抽象思维和逻辑思维比男性稍差一点。这些差异点往往会使男女客户在消费上有不同的行为特点。因此，客户经理也可以根据客户的性别来定位目标客户。

3. 客户的收入

客户的收入也是定位目标客户的一个主要因素。通常，中等收入人群是构成银行客户的主要部分，但是高等收入人群更是银行的重要客户，因为客户收入越高，越能刺激银行理财产品需求的增加，从而给银行带来更多的收益。

4. 客户的消费行为

根据客户的消费行为进行分类，是对银行目标客户进行划分的一个重要依据。客户的消费行为可以根据RFM模型来判断。RFM模型是衡量客户价值和客户创利能力的重要工具和手段。RFM三个字母代表的依次是最近一次消费、消费频率和消费金额。但是，这种方式只适用于现有的客户，对潜在客户不适用。

5. 客户的兴趣爱好

兴趣爱好是客户经理了解客户的一个重要方面，有时候，兴趣爱好能够反映客户的经济条件。清楚客户的兴趣爱好，能在一定程度上帮助客户经理确定目标客户群。比如，有些女性喜欢疯狂购物，这样往往会产生一个结果，那就是超额消费，那么她们可能就会需要信贷服务。

💡 **小贴士**

要想清楚客户的兴趣爱好，也可以找到和客户的共同点，从而能够在营销过程中拉近与客户的距离，提升客户成为目标客户的可能性。

巧用资料法，锁定目标客户

资料法是客户经理锁定潜在客户比较快速、有效的一种方法，因此多掌握获取客户资料的途径是非常有必要的。资料法，又称间接市场调查法，即银行客户经理通过各种现有媒体资料寻找潜在客户的方法。通常，采用资料法锁定目标客户时，它主要有以下九种途径。

1. 网络

在网络上寻找客户资料是比较好的途径，也是客户经理经常用到的途径之一。有一些官方网站上的信息是十分有用的，客户经理要经常去浏览，从而找到有价值的客户信息资源。比如，财政部、国务院、地方政府、国家与地方发展和改革委员会、工业和信息化部、国家与地方工商部门、国家与地方税务部门、银监会、人民银行等的官方网站。

某银行客户经理李斯在浏览新闻时，注意到政府在拍卖土地，××公司以高出起拍价1500万元的价格拍到。于是，李斯马上上网查询，得知是上海的一家房地产公司拍到了，并且该公司是上海市重点扶持的大型企业集团之一，房地产销售面积一直居上海全市前列。收集完这些信息后，李斯就准备材料向行长做了汇报，并着手开展营销工作。

客户经理李斯就是通过网络获悉该房地产公司的基本资料和信息的。

2. 企业公告及广告

不少企业会在各种媒体上发布各种公告及广告，其内容会涉及企业的名称、企业负责人及联系方式等，客户经理可从中发现潜在的客户。

3. 统计资料

在各行各业，大多企业会把客户的资料保存起来，这些资料积累起来就是一笔财富。客户经理可以通过这个途径获得客户的详细情况，而且查询起来也比较容易。

4. 报纸和广播电视

客户经理可以通过看一些报纸，如地方党报、都市报、晨报或晚报等，从中获取一些有价值的客户信息。一般财经类的报纸需要时刻关注，如《中国证券报》《经济日报》《上海证券报》。客户经理也可以通过看电视的时事新闻，及时、快捷地掌握更多潜在客户的资料。这需要客户经理养成每天看新闻的习惯，并从新闻中发现有用的信息。

5. 交易会

国际、国内每年都有不少的交易会，如高交会、广交会、中小企业博览会等，这些都是获取客户资料的好渠道。

6. 委托助手

委托助手也称"猎犬法"，是委托他人寻找目标客户的方法。在西方国家，这种方法的运用十分普遍。一些客户经理常雇用有关人士来寻找目标客户，自己则集中精力和时间来访问重要客户。这些受雇人员一旦发现目标客户，便立即通知客户经理。

7. 工商管理公告

一些比较重要的工商管理方面的公告也是一种重要资源，比如，某些企业资格的公布，或某个企业获得了某项管理质量认证方面的信息。这些信息能够让客户经理了解一些不错的刚崛起的企业的信息，这样尽早地去和这些企业打交道，成功的概率会较高。

8. 行业公开名录

客户经理可以下载和安装一款专业的行业名录搜索类的软件，在网络上查看行业公开名录。当然，这里面的名录是包含各个行业的，客户经理可根据一定的筛选条件找到自己需要的那部分信息。

9. 银行内部资料

客户经理也可以利用银行内部已经存在的各种客户的资料。比如，银行一般都会定期举办一些产品说明会，它以展示自己的产品为目的，创造一个与客户直接面对面沟通的机会。在展会上会聚集许多客户，客户经理会拥有许多与客户直接进行交流的机会，并在短时间内获取大量的客户资料信息。

> 💡 **小贴士**
>
> 　　客户经理要关注行业协会公布的、房地产行业协会公布的、商务部公布的一些名录，这些名录中的企业往往具有某些特质。如果能使这些客户变成银行的真实客户，他们就会成为银行优质客户的一部分。

使用缘故法，开拓目标客户

要想做成大事，必定要有人脉网络和人脉支持系统。客户经理可用缘故法来确定目标客户，找到更多的客户资源。

缘故法是客户经理将自己认识的亲戚、朋友等列成清单，从中选出最有关系资源价值的亲朋好友，通过他们帮忙开拓目标客户。或者说，利用这种方法将世界上曾经与自己结缘的人都联系起来，构建起人脉关系网。

对于客户经理来说，使用缘故法开拓目标客户是一种很有效的方法。客户经理可以对自己所认识的人进行深挖，有时候会得到惊喜，原来自己身边的人竟认识这么一位大人物，而这个大人物很有可能需要自己银行的产品。当想去拜访这位大人物时，你可以通过身边人的引荐去拜访，这样就避免了直接推销的尴尬。等你和对方成为朋友后，再营销银行的产品，就很容易获得成功。

使用缘故法开拓客户时，主要有以下三个特点：

（1）易接近客户。客户经理不需要准备太多的开场语就可以进入主题。

（2）易起步。尤其对于经验不足的客户经理来说，你所认识的这些人正是锻炼自己营销技巧的好机会。

（3）易建立自信心。利用这种方法进行营销比对陌生人营销的成功率要高很多，从而容易建立客户经理的自信。

那么，使用缘故法开拓客户具体有哪些步骤呢？通常，主要通过以下三步来开拓客户。

1. 列出清单

客户经理将自己接触对的人的名单列出来。名单中可以包括这几类人：与自己父母有关的人、上学时期认识的人、工作中认识的人、与配偶有关的人、与子女有关的人、社会活动中认识的人等。

2. 分类整理

一般来说，一个人的缘故关系有两种：一是"五同"法，即同学、同乡、同事、同好、同邻；二是"五缘"法，即亲缘（亲人）、地缘（居住地、工作地认识的人）、业缘（工作中或同行业认识的人）、神缘（有共同宗教信仰或共同爱好的人）、物缘（通常指各种商业或户外活动认识的人，如聚会、宴席、活动、旅游等）。

另外，同学也有自己的同乡、同学、同事、同邻、亲戚等；亲戚等也有自己的同学、同事、亲戚、同邻、同乡……总之，通过这样直接或间接的关系，就扩大了自己的人脉关系网。

3. 整理资料

将这些亲朋好友分类后，客户经理要将每个人的相关资料填好在资料文件中，信息越详细越好。资料中的信息可以包括性别、年龄、职务、收入、学历、健康状态、家庭住址和婚姻状况等。

💡 **小贴士**

　　在使用缘故法时，客户经理要注意避免三点问题：一是客户经理可能会碍于面子或担心营销不成功而出现一些心理上的障碍；二是认为对方是亲朋好友，就会随随便便办事；三是强迫亲朋好友与所在银行进行合作等。

营销扩展知识：利用六大营销模式开发客户

说到营销的难题，不少营销人员都会不约而同地说："我没有客户啊！"但仔细想想，你是真的没有客户还是缺少发现客户的眼睛呢？如果缺少了发现客户的眼睛，那么即使你拥有再多的客户，也会感觉和没有客户一样；反之，当你生发出发掘客户的灵感后，你将会开发出越来越多的客户。

以下是开发客户的六种营销模式，供广大银行客户经理在实战中借鉴。

1. 联动营销

银行联动营销是基于客户的需求，通过调动银行的一切资源，联动展开的经营管理手段。联动营销主要包括公私联动营销、岗位联动营销和跨机构联动营销。

公私联动营销是指银行对公业务部门和对私零售业务部门，基于其不同的对公类客户资源和个人类客户资源之间的密切关联，交换并整合彼此资源，联合开展营销活动；岗位联动营销是指银行网点内部各岗位之间相互转介绍客户形成的联动营销；跨机构联动营销是指建立在银行各网点之间、网点与其他机构之间的联动营销活动。

比如，在岗位联动营销中，其有四个步骤以可操作。

（1）等候间隙放牌子。

银行柜员利用客户等候间隙，摆出顺势营销牌。但是光摆出营销牌还不够，还要讲一句可以吸引客户看牌子的话。

（2）处理完业务讲产品。

处理完业务，需要取走牌子时，可以对客户说："看您看得挺认真的，我给您介绍一下这个产品吧……"如果客户稍有点兴趣，可以留下他的电话和具体需求，然后把"客户转介卡"交给理财经理。

（3）意向客户速转介。

客户有了意向时，就要把客户转介绍给理财经理。

（4）潜力客户留电话。

那些大客户通常是比较有潜力的客户，要想留下他们的电话号码还是很难的。你可以这样说："王总，我们银行经常有一些高收益的产品，不过卖得特别快，前几次您没赶上，您看下次再有了，我通知一下您，好吗？"

2. 沙龙营销

沙龙营销分三个阶段，即筹备阶段、执行阶段和跟进阶段。

筹备阶段主要包括：沙龙选题、包装策划、项目分工、师资审核、场地布置、邀约培训、流程彩排、客户审核和通知确认等。

执行阶段主要包括：客户迎接、寒暄铺垫、暖场破冰、领导致辞、课程讲授、签约促成、颁奖造势、照相留影和客户送别等。

跟进阶段主要包括：总结会议、结案收款、意向跟进、二次深销和数据分析等。

3. 路演营销

路演营销常见的是在小区中摆摊设点，或进行办卡送礼品等活动。如何吸引观众围观是路演营销的关键点。要想吸引观众，要把握以下三个要素。

（1）有预热。比如，提前一周在社区里拉条幅，在社区论坛上发帖子等。

（2）有节目。比如，让工作人员唱歌、表演魔术等，与观众互动起来更好。

（3）有礼品。多准备一些礼品，如小公仔、挂链和杯子等。

4. 跨界营销

营销模式的设计离不开资源的整合，即寻找更多不同行业的跨界合作。这样可以为客户提供更多的增值服务，加强与客户的实际互动，做到高效地传达银行的理念与服务，从而提升银行自身业务，以期达到持续性的影响力。

5. 讲堂营销

讲堂营销容易在不知不觉中激发客户对银行产品的兴趣。讲堂营销主要有三个优点：

（1）讲堂营销是批量营销的典型方式，因为客户的身份差异不大，这种一对多的营销方式，可以快速地聚集目标客户，进而快速地实现营销。

（2）讲堂营销的方式不仅包装了产品传播的过程，还通过投资理财知识的学习，不知不觉间改变了固化的思想。

（3）最后，讲堂营销中真实具体的案例能引起客户的共鸣。

6. "扫街"营销

"扫街"营销在前面已经具体讲过，这里不再详细讲解。

第三章

建立客户关系，接近对方才能抓住营销机会

● ────────────────── ●

　　想要建立良好的客户关系，银行客户经理应做好以下几个方面：制定拜访计划、进行销售预演、重视第一印象、电话约访休眠客户、告别时应礼貌等等。本章将详细地讲述以上内容，接下来我们一起来学习吧！

制订拜访计划，有备才能无患

古代军事家常把"有备无患"这个成语作为自己行军打仗的准则。在营销工作中，客户经理在拜访客户前也应做好充分的准备，制订出拜访客户的计划。

拜访客户的计划主要包括七方面的内容。

1. 拜访目的

对于银行客户经理来说，每次拜访都要有明确的目标。比如，初次拜访客户目的是相互认识与问候客户，那么客户经理就不应占用客户较多的时间，以免引起客户的反感。

2. 拜访内容

凡是与客户有关的情况都属于拜访内容，但具体落实到每一次的拜访行动，则各有重点。因此，客户经理在制订拜访计划时，应视了解程度进行具体安排。

3. 拜访时间

客户经理在拜访客户时要确认客户是否有时间，是否愿意接受你的拜访。选择合适的拜访时间很重要。应注意避免在客户下班的时间，因为下班意味着回家休息，如果你这个时候去拜访客户，那么无形中就是让客户不得不加班，所以他们很可能会对你的到来产生反感。另外，拜访客户之前最好打电话预约，以确保客户在约定的时间有空见面，也让客户有个心理准备。

4. 拜访对象

拜访前，客户经理要适当挑选拜访对象，将拜访对象的姓名、具体职位都弄清楚，这样可以有效地减少工作的盲目性。

5. 拜访地点

通常，拜访地点最好让客户来确定，看公司、咖啡厅等哪种场合更合适。拜访地点和拜访时间一旦确定，客户经理就要提前几分钟到达约定的地点，以表示自己对此次拜访的重视，向客户展现自己对工作的认真态度，这样才更有可能赢得客户的好感和信任。

6. 拜访策略

拜访客户是一个动态的系统工程，包括见面前的预约、见面的问候、见面时的交谈等一系列的要素。为了确保营销的成功，客户经理在制订拜访计划时，要考虑好各个方面的策略，并做出周密的安排。

7. 营销工具

客户经理在拜访客户前，要随身准备好营销辅助工具，比如，名片、产品彩页、工作证、演示理财产品的电脑以及送给客户的小礼品。这样既有利于引起客户的关注和兴趣，又能使介绍更加直观、简洁和专业。

下面是一个拜访计划表的样式，可作为参考。

客户名称	拜访时间	拜访地点	成行方式	拜访级别
客户基本情况				
竞争对手情况	竞争对手一的情况			
	竞争对手二的情况			
拜访准备要达到的目的				
客户可能需要的服务				
银行准备提供的产品				
拟定客户介绍哪些情况及提供哪些宣传材料				
需进一步了解的问题				
拜访开始的策略				
客户可能会提出哪些问题及如何解答	可能提出的问题		回答	

（续表）

客户名称	拜访时间	拜访地点	成行方式	拜访级别
可能出现的异议及处理办法	可能出现的异议		处理办法	
客户拒绝时的策略				
如果是联合拜访，应该再关注以下问题				
客户经理姓名		协办客户经理姓名		
集体讨论时可能遇到的问题及解决办法				

💡 **小贴士**

　　拜访客户之前必须提前预约，这是最基本的礼仪。通常，客户经理应提前三天给被拜访者打电话，简单说明本次拜访的原因和目的；在确定拜访时间后，经过对方同意才能前往。

做好销售预演，呈现最佳状态

　　在拜访客户前，客户经理可以进行一次预先演练，这是销售准备中很重要的一个环节。它主要有两方面的作用。一是能避免一些低级错误。客户经理在与客户接触的过程中，常因为一些形象上的细节问题及自己的不良习惯，如眼神游离、喜欢跷二郎腿等问题，给客户留下不好的印象等。二是预知客户的问题或需求。在与客户交流的过程中，客户谈到的问题很有可能是预演中出现过的，这时候客户经理不但不会紧张，反而会很有自信。

　　某银行的客户经理王乐与客户李总约定好，本周五在其公司楼下的咖啡店见面，聊一聊有关公司开户存款的问题。为了与客户有一个最佳的沟通状态，客户经理王乐周四晚上很早就躺下休息。第二天出发前，他根据自己制定的"形象自检清单"，检查一遍自己的形象。他的"形象自检清单"见下表。

项目	要点	内容	自检
个人卫生	头发	是否有头屑	
	鼻子	是否修剪过鼻毛	

（续表）

项目	要点	内容	自检
个人卫生	耳朵	耳朵里是否清洁	
	牙齿	牙缝里是否有食物残渣	
	指甲	是否需要修剪，是否干净	
	口气	是否清新	
	胡子	是否刮干净了	
服饰仪容	衣服	风格、色彩、款式、材质是否符合TPO原则（时间、地点和场合）	
	配饰	男士：鞋子、袜子、领带和皮带等是否符合TPO原则	
		女士：鞋子、袜子、耳环等是否符合TPO原则	
	妆容	化妆、发型等是否符合TPO原则	

到了银行，领导建议和王乐进行一次模拟演练和反串演练。在演练的过程中，原本以为准备好的王乐暴露出了许多问题。比如，他一坐下来就不自觉地跷起二郎腿，然后晃来晃去。后来，王乐提前15分钟到达了李总的办公室，心里一直告诫自己不要出现刚才演练中的问题。

在与李总的谈话中，王乐的言行举止很得体，而且李总提出的问题，王乐也在演练中思考过，所以回答问题时胸有成竹，给对方留下了好印象。最后，李总明确表示将准备好资料，在王乐所在的银行办理相关业务。

案例中的客户经理王乐在拜访客户李总前，进行了准备和演练，给销售的成功开展提供了很大的帮助。假如客户经理没有进行销售前的演练，那么在拜访客户时大多时候会感到紧张，回答客户问题也常会结结巴巴。因此，预先演练环节是很有必要的。

> **小贴士**
>
> 销售预演的方式可以是客户经理与团队伙伴之间进行互动；时间在 20~30分钟，可根据具体情况进行调整。

初次拜访客户，第一印象很重要

第一印象无处不在。小到你的每一个动作、每一句话，大到你对每一件事的处理方式。第一印象也许是你的造型装扮，也许是你的肢体语言，也许是你的性格魅力，也许是你的个人修养，也许是你的人生观，也许是你的表达方式……生活中的点点滴滴、方方面面，都是你留给他人第一印象的载体。

卓别林的小胡子和大皮鞋，雷锋的"螺丝钉"精神，周星驰的无厘头搞笑等等，无论过去多少年，只要一想起来，总会有一种非常亲切的感觉，这就是第一印象的魅力。心理学研究表明，人们评价他人时总是先入为主，与第一印象相比，后来所接收的信息受到的重视程度远远不及第一印象。换言之，人们更倾向于相信他们初次了解的信息是真实无误的。因此，在拜访客户时，客户经理给客户留下的第一印象是否良好非常重要。

在初次见面时，对方对你究竟有什么具体要求？对方做出反应的依据是什么？是什么让对方产生了积极或消极的感受，从而极大地影响了他们的判断？美国第一印象公司的创始人安·德玛瑞斯博士提出了第一印象的七大要素：亲和力、表达关注、客观性话题、展现自我、谈话的动态性、人生观和性格魅力。客户经理在与客户沟通的过程中，尤其要注意这七个方面。

1. 亲和力

亲和力是第一印象的第一个基本要素，那如何做让别人觉得你容易接近？有两个关键因素。一是你与他人接触的风格，即你是否会主动介绍自己，你给人带来怎样的情绪，你有没有主动地去营造一个舒适的交流氛围。二是谈话内容，即你开始交流后所说的事情。注意谈论身边的事情时要投入进去，而不是让人感觉你在敷衍。

2. 表达关注

表达你对别人的关注可以是身体上的，即你的朝向、你的视线，也可以是言辞上的，即你如何向对方打招呼、提问、倾听并回应。这听起来很简单，但在整个过程中会有许多细微的差别。你也许并没有意识到自己的一些细微的行为，但其他人却能立即注意到你传达的信息。

3. 客观性话题

对于陌生人来说，彼此相互熟悉的唯一途径就是打破僵局，尝试谈论某些话题。那么，你如何展开客观性话题，即如何谈论你周围的世界，以满足别人的兴趣，同时也展现出自己的优点呢？

客观性话题包括过程、风格和内容。过程即你介绍和驾驭各种话题的顺序和方式，风格即你是与对方互动还是单方面输出，内容即你谈论的具体客观性的话题。

4. 展现自我

展现自我会产生有利的效果。谈论自己让你在别人眼里显得更有亲和力和吸引力，也让别人更愿意向你敞开心扉。谈论客观性话题是你才智的展示，而讨论个人信息则是你感性的表现。对于应该与对方分享哪些个人信息，并没有强硬的规定，但有一点很重要：你至少应该分享一些基础的个人信息，如你的背景、经历、感受或梦想，你要意识到分享它们的意义。

5. 谈话的动态性

谈话的动态性包括在谈话中表现活力的方式及对谈话节奏的把控。表现活力的方式分为两个部分：一是你在谈话中所倾注的活力，即你的语速、声调与谈话内容的多少；二是你如何让自己投入的活力与对方保持同步，即你是否与对方轮流发言，是交回发言权还是拖延发言时间，能否找到一个彼此都满意的谈话节奏。

6. 人生观

人生观，即你如何看待自己以及你身处的世界。当你与别人初次见面时，你应该反思自己传达给对方的人生观。这其中有两个重要原因：一是人们会根据你的人生观对你做出强有力的判断，因而你希望自己所投射的人生观与你对生活的真正看法是一致的；二是如果你知道人生观中有哪些因素会产生正面的影响，那么你就可以对表现自我的方式稍做改变，只展示好的方面，给对方留下良好的印象。

7. 性格魅力

性格魅力是最后一个基本要素，它会为你所塑造的第一印象增加天然的吸引力。即使你表现得平易近人、和蔼可亲、风趣幽默，但假如你没有表现出一点性格魅力，那么你与对方的交流就会显得过于平淡。

展示性格魅力的方式有很多，而其中最重要的就是你对别人的欣赏，即你对别人的回应和回答。此外，展示性格魅力的途径还有肢体语言等。

💡 小贴士

初次交流，即使是在街上与陌生人闲聊，也会对交流的双方产生情绪上的影响。一次交流可以影响你的自我感觉、你对他人的感觉、他人对你的感觉和他人的自我感觉。

电话约访，重新建立与休眠客户的联系

与重新开发新客户相比，激活休眠客户的成本很小，休眠客户蕴藏着很大的潜力。因此，对银行客户经理来说，重新建立与休眠客户的联系是非常重要的工作。

那么，应该怎么定义休眠客户？休眠客户，指在一定时间内账户里没有消耗的客户。休眠客户是已经了解企业和产品的理性客户，这些客户在消费与未消费之间徘徊。

有数据表明，"休眠客户"的消费能力是现有客户消费能力的3～5倍，甚至更高，而开发新客户所花费的成本是激活休眠客户的8倍。因此，重新建立与休眠客户的联系，是一件非常重要的工作。

俗话说："没有休眠的客户，只有休眠的客户经理。"很多客户之所以"沉睡"，主要是因为客户经理没有主动与他们保持联系。当然，主动联系也是有技巧的，这里给大家提供一种有效的激活客户的方法：电话约访。它具体有四个步骤。

1. 筛选客户

银行客户经理给休眠客户打电话要有明确的目标。比如，某银行客户经理的考核指标中包括客户资产总量、产品覆盖率和新增理财客户数。以新增理财客户数为例（理财客户的标准是资产量达到30万元），进行客户筛选时要根据两个标准：第一，资产量不可过低，可以从20万元起，这样提升到30万元要相对容易一些；第二，有约访理由，也就是说，你知道客户有什么样的需求，所以你可以理直气壮地给对方打电话，然后约对方来银行。

2. 短信邀约

筛选出目标客户后，接下来需要你和对方建立联系。由于休眠客户与你不是太熟悉，因此建立信任与好感需要一个过程，只有让客户体会到你锲而不舍的用心服务，才可能给你机会。这时候请记住不要直接给客户打电话，不然对方就会变得对立：你为什么给我打电话？你是不是骗子？这样，银行客户经理就会变得被动起来，尤其是缺乏经验的客户经理。

为了不让客户感到太突然，你还需在打电话前发一条预热信息。短信邀约模板如下：

尊敬的××先生（女士）：

您好！我是您在××银行的专属理财经理××。目前通胀比较厉害，客户的钱在不断贬值，为了帮助像您这样的客户解决困惑，我行将在××时间举办一场"通胀下如何保值、增值"的理财活动。

唯恐在您百忙之中打扰您的工作，先以短信向您报告信息，明天我会给您致电，谢谢您！

祝您与家人平安、幸福！

××银行××

在预热短信中，注意两点内容：第一，突出你是客户的专属理财经理，让客户有一种尊贵感，从而对你的记忆会更深刻；第二，在短信邀约后第二天就要给客户及时去电，否则时间久了客户就没有印象了。

3. 电话邀约

电话邀约时，银行客户经理可以提出类似这样的理由："有件事情对您很重要，所以请您过来一趟"。总之，电话邀约客户过来时，要让客户感到对自己是有好处的。电话邀约模板如下：

××先生（女士），您好！我是您在××银行的专属理财经理××，请问您现在方便接听电话吗？

之前我给您发过一条短信，您收到了吗？（客户说"收到了"。）

是这样的，今天给您打电话是因为目前通胀率比较高，不知道您有没有感觉到？（客户说"有"。）

是的，我也有这种感觉。去年CPI平均4.5%，高时达到6.1%，而我们一年定存才3.5%。我们存放在银行，不断贬值，您觉得是这样吗？

目前有很多客户存在像您这样的困惑。所以我们会在近期举办一场专属活动，为您提供在通胀下如何保值、增值的解决方案。因为感兴趣的客户比较多，我帮您预留一个名额可以吗？（客户说"可以"）

活动当天期待您的光临。活动的前一周我会给您电话确认，再见！

在给客户打电话的过程中，银行客户经理要与对方进行互动，不要给客户一种背台词的感觉。"专属活动"是一次销售的好机会，帮助客户解决在通胀率比较高的情况下如何保值、增值。如果客户没有时间参加活动，客户经理也可以单约。

4. 短信提醒

有时候，即使电话约访的过程很顺利，客户仍旧可能会爽约，或到了现场却迟迟不找客户经理。原因可能是客户忘记了时间、地点或者客户经理的联系方式。通常，在电话邀约成功后，客户经理需要给客户发一条短信内容，告知客户准确详细的来访信息。短信内容模板如下：

尊敬的××先生（女士），您好！我是您在××银行的专属理财经理××。明天活动的时间是下午两点半。地点：机场路222号××银行。如果您开车前来，请停在××酒店停车场，我将为您准备好停车票。到了现场请和我联系，以便我更好地为您服务。

我的联系电话：××（请惠存）

祝您与家人平安、幸福！

对于粗心或很忙的客户来说，这条短信非常有用。总之，客户经理要做到周到、细心，有全心全意为客户考虑的态度。

💡 **小贴士**

在和客户约见时，你是否有约重的情况？比如，将两个客户同时约在了某个上午，或约访的时间正好与银行内部会议时间相冲突？因此，在打电话时，客户经理要准备一个行事历放在面前，提前排布出空白时间，以保证只在自己可以自由支配的时间内约访目标客户。

礼貌告别，做好拜访的良好收尾

礼貌告别在营销中很关键。如果处理得好，不仅能成为某次拜访的良好收尾，更能为下一次拜访赢得机会。但是，有不少客户经理总是抱怨说："我都按书上教的步骤与客户进行沟通了，但最后客户还是没有购买银行的产品和服务。"其实这很正常，假如你接触的每一个客户都能够成交，那才不正常。

对于客户经理来说，不管最后自己是否顺利成交，都要以微笑、礼貌来结束营销服务。大体上说，礼貌告别客户要做到以下三点。

1. 选择合适的时间离开

有的客户经理着急拜访下一位客户，以争取更多的拜访数量，却忽视了拜访质量。刚和客户见面没一会儿，就着急离开，结果不是忘记填写客户建档表，就是忘记留下自己的联系方式。还有的客户经理与客户闲聊起来就忘记了时间，这不仅会耽误营销的进度，还会引起客户的反感。

王凯是某银行的客户经理，他为人直爽、不拘小节，在工作中和许多客户都很聊得来。在一次营销的过程中，他和另一位同事（助理）一起去拜访一家商店的老板。拜访前王凯做了大量的准备工作。

在与商店老板谈话的过程中，王凯尽量展现其活泼的一面，并借助融洽的气氛不断地向客户提问，深挖其需求，希望能够成功签单。其间，客户时不时地招呼店里来的顾客。王凯觉得打扰了客户做生意，连说道歉的话，客户也表示说"没事"。

快到中午的时候，同事觉得应该离开了，就暗示王凯。可王凯觉得客户肯定还有需求可挖，就又问了客户几个问题。最后，客户实在忍无可忍，只能对他俩说："我一会儿要回家吃午饭了，就不留你们了。"

王凯和同事听后尴尬极了，匆忙收拾好资料就告别离开了。在回公司的路上，王凯突然想起来连客户的资料都没填写。

像王凯这样的客户经理在工作中并不少见。在拜访客户时，客户经理应懂得选择什么时间离开，并通过细心观察客户的行为表现决定是否离开。

2. 预约下次拜访要真诚

预约下次拜访是为了与客户有进一步的联系。客户经理在预约下次拜访的时间时，语言和行为要表现得真诚，同时也要表现出自己的热情，不宜有冷漠、傲慢的态度，否则客户就会不愿意再与你接触。

3. 告别语言要简明扼要

拜访结束时，如果谈话时长超出预期，起身告别时应该向客户表示歉意。出门后，注意回头主动与客户告别，同时示意客户"请留步"。待客户离开后，走几步再回头挥手致意"再见"。总之，告别语言一定要简明，切勿啰唆。

> 💡 **小贴士**
>
> 　　假如客户是在你所在银行举办的活动中，客户经理送客时应送到门外，同时叮嘱客户"小心慢走，下楼注意台阶"。如果客户是初次参加银行的活动，客户经理应告知返程路线。如遇下雨，要给客户准备雨具。

营销扩展知识：银行客户关系管理（CRM）

　　客户关系管理（CRM）的概念最早是由美国的嘉特纳集团于1999年提出的。CRM是商业策略，其实是以客户为中心的业务流程，提高企业的获利能力、收入以及客户满意度。IBM认为，客户关系管理应包括客户的识别、挑选、发展以及维系客户的整个商业过程。盖洛普公司则将客户关系管理定义为"策略+管理+IT"，这个概念重点强调了IT技术在客户管理战略中的地位。

　　总之，CRM是一个有机的系统，为银行提供了收集、分析及利用多种方式获得客户信息的模式，同时这也是一种全新的管理模式，能帮助银行充分利用客户关系资源，从而在激烈的竞争中获胜。

▶CRM系统分类

　　集成了客户关系管理思想和先进技术成果的客户关系管理系统，是企业实现以客户为中心战略导向的有力助手。CRM系统可分为以下三大类。

1. 操作型CRM

操作型CRM也称运营型CRM，实现对客户资料管理、服务管理、营销管理和销售管理等环节的流程自动化，达到利用IT技术提高企业的运营效率、降低其运作成本的目的，从而实现企业利润最大化和利润持续增长的目标。

2. 分析型CRM

分析型CRM就是利用数据仓库、数据挖掘技术等先进的数据管理和数据分析工具，分析操作型CRM和其他业务系统中获得的各类数据，进而为企业的经营、决策提供量化的、可靠的依据。银行业、保险业等拥有很多客户的行业可以利用这种系统挖掘出重要的信息。

3. 协作型CRM

协作型CRM便于企业与客户协同处理涉及客户的事务。协作型CRM是企业客户服务人员和客户共同参与完成的。比如，客户服务中心收到客户的咨询、建议或投诉时，客户经理来解答客户的问题。今后协作型CRM的主要发展趋势是具有多媒体、多渠道整合能力的客户服务中心。

▶CRM的基本内容

客户关系管理的核心内容是发现优质客户、维系高价值客户，以及分化、改造普通客户。它具体可分为以下五个方面。

1. 客户信息管理

客户信息管理是整个客户关系管理的基础。首先，客户经理要通过网络等多种渠道收集客户的信息，将各个客户的资料进行有机整合，建立全面详细的客户信息档案，实现数据的共享。客户信息包括客户姓名、年龄、性别、联系方式、婚姻状况、爱好、职业、邮箱、地址、对风险的态度等，以区别于其他用户的信息。

2. 销售管理

通常，销售管理包括销售过程管理、销售计划管理、销售合同管理、销售渠道管理、客户商业机会管理、客户需求管理、销售方式管理、销售活动管理、销售人员管理、产品服务配置管理和佣金管理等功能。销售管理主要是提高专业销售人员大部分活动的自动化程度，提高工作效率，从而实现从产生销售机会到销售结束的全过程销售业务管理。

3. 市场营销管理

通常，营销管理包括市场调查管理、营销方案管理、营销项目管理、营销方式管理、营销人员管理、营销活动管理、营销活动评价、营销成本管理和竞争对手管理等功能。在目前银行营销渠道多样化的背景下，CRM营销对不同营销渠道接触的客户进行分辨、记录和分析，并对营销活动的效果进行评价。

4. 客户关怀

CRM可以通过集成呼叫中心快速反馈和响应客户的需求。呼叫中心是一种基于计算机和通信网络集成的综合信息服务系统。

5. 客户服务管理

银行的客户服务，不仅包括从客户初次接触到最后服务账户管理的整个服务业务流程，还包括多种服务模式，如柜面服务、网上银行、电话银行等。通过CRM系统能详细记录银行服务的全程情况，准确、迅速地进行客户需求调研，提供客户满意的产品，从而延长客户的生命周期。

▶ 基于CRM的"一对一"营销

"一对一"营销是一种新型的客户管理战略，它将有针对性地为银行和客户的沟通提供个性化方案。"一对一"营销指银行以客户为中心，在与每个客户的互动沟通中，与客户逐个建立长远、持久的"学习"关系，银行会根据客户的自身特殊需求调整经营行为，为客户提供定制化的产品，最终让客户满意的一个过程。

第四章

挖掘客户的需求，找准营销的关键

在客户需求越来越多样化的今天，银行不能像过去那样对所有客户提供千篇一律的服务，而要针对不同客户的需求提供有差别的产品和服务。这就需要客户经理精准挖掘客户的需求。挖掘客户的需求是整个营销中十分重要的一环。如果无法精准挖掘客户的需求，就无法实现销售的成功。

精准分析客户的心理需求

　　客户的心理因素是市场营销中的一个重要影响因素，尤其是银行大客户的心理需求占据着重要的地位，它在很大程度上影响客户对银行、产品和服务的选择等。因此，在营销之前，客户经理必须全面、精准地分析客户的心理需求。

▶ 客户购买动因分析

　　明确客户购买的原因，是客户经理成功营销的关键，即客户经理要分析客户购买的动因。客户购买的动因，或者说影响客户决策结果的因素有以下四种。

1. 需求

　　需求是影响客户购买的核心因素。客户只有拥有相应的需求，客户经理的营销工作才有机会开展。

　　但在大多情况下，客户对自身的需求认知是不明确的，不知道自己真正需要什么；有时候，客户也会刻意隐藏自身的需求。因此，客户经理要学会挖掘客户的需求。

2．价值

价值即提供给客户的使用价值。虽然银行的产品或服务本身具有一定的价值，但是针对不同的客户，其是否具有使用价值或其使用价值的大小则是不相同的。这就需要客户经理向客户呈现价值，证明产品或服务能够真正解决客户的内心需求，是达成协议的关键。

3．信任

如果客户对客户经理及银行本身非常信任，其心理防线就不会太严密，也就更容易成交；如果客户对客户经理及银行本身不太信任，其心理防线就会加强，甚至表现出拒绝的态度。

4．满意度

满意度是指客户对客户经理所提供的具体方案的满意程度，包括产品及服务的价格、内容、潜在收益等信息。

但是，在营销过程中，客户通常不会将自己满意与否表现出来，因此这就需要客户经理精准把握客户的心理状态。

总之，需求、价值、信任和满意度这四个因素，是客户经理在营销中必须时刻牢记并考察的因素。另外，在这四种因素的影响下，客户经理要了解客户通常呈现的成交、拒绝、犹豫这三种不同的心理状态，其具体内容如下表所示：

购买因素	心理状态		
	成交	拒绝	犹豫
需求	有相关需求	没有相关需求	没有认识到相关需求
价值	了解产品/服务价值	不了解产品/服务价值	对产品/服务价值存有误解
信任	信任销售者及服务主体	不信任销售者及服务主体	对销售者及服务主体存疑
满意度	满意相关方案	相关方案存在严重缺陷	对相关方案不满意

▶ 客户深层心理需求分析

通过需求层次理论，可以分析出一个人的真实需求。客户经理要掌握这种分析方法，这样才能挖掘客户深层的心理需求。

1. 马斯洛需求层次理论在银行业的应用

马斯洛需求层次理论是人本主义科学的理论之一，由美国心理学家亚伯拉罕·马斯洛于1943年在《人类激励理论》论文中提出。书中将人类需求像阶梯一样从低到高按层次分为五种，分别是生理需求、安全需求、社交需求、尊重需求和自我实现需求。

事实上，银行客户经理完全可以借助马斯洛的需求层次理论在营销学方面进行一种递进式的阐述和应用。

2. 冰山模型的应用

冰山模型是美国著名心理学家麦克利兰于1973年提出的一个著名的模型。

所谓"冰山模型"，就是将人员个体素质的不同表现表式划分为海面以上的冰山部分和海面以下的冰山部分。其中，海面以上的冰山部分包括基本知识和技能，是"裸露"部分，也是自我开放的部分；海面以下的冰山部分是价值观、自我定位、动机和人格特征。海面以下的部分决定海面以上的表现。

💡 **小贴士**

　　需求不等于需要。需求一般是指人们有能力购买并且愿意购买某个具体产品的愿望。需要是一种客观的要求。比如，人需要空气，没有空气就不能生存，这是不为人的主观意志所改变的。

用提问法激活客户的潜在需求

通常，消费者需求按其是否在购买行为中表现出来分为显性需求和潜在需求。显性需求是指消费者意识到，并有能力购买且准备购买某种产品或服务的有效需求；潜在需求是指消费者没有直接提出、不能清楚描述的需求。银行客户经理在满足客户显性需求的基础上，还要尽量激活和挖掘客户的潜在需求。其中很有效的方法是利用适当的提问方式，刺激客户的消费欲望。提问方式主要有两种，即四级提问法和"二选一"提问法。

1. 四级提问法

客户经理在向客户提问时，可以使用"四级提问法"。下图是对它的简要概括。

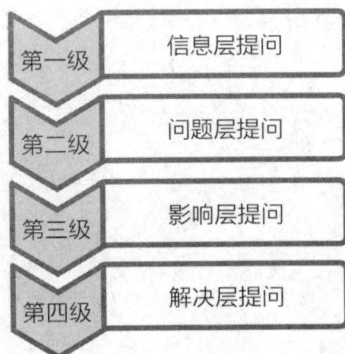

第一级	信息层提问
第二级	问题层提问
第三级	影响层提问
第四级	解决层提问

（1）信息层提问。

信息层提问是大多数销售的开始，客户经理首先要建立对方与你沟通的意愿，然后通过一系列的信息层提问来了解客户的现状，目的是对客户有个初步的了解，从而判断客户的大致需求。比如：

"您从事哪个行业？"

"您住在附近吗？"

"您购买过保险吗？"

信息层提问的提问价值较低，因为客户从你的提问中并没有得到有价值的信息。在这一级中客户是为你服务，而不是你在为客户服务。同时，不要提过多的信息层问题，否则客户会很烦，容易失去耐心。

（2）问题层提问。

当你通过3～5个信息层提问，了解客户的状况之后，接下来就该进入问题层提问，目的是发现客户的困难及需求。比如：

"先生，您在未来养老方面面临的挑战还有哪些？"

"您对这款理财产品是否满意呢？"

（3）影响层提问。

这一级主要是针对客户遇到的问题给他们带来的影响进行提问，目的是进一步突出问题的严重性，扩大和强化客户的需求。比如：

"这个问题会给您带来多大的影响呢？"

"这个问题会给您带来怎样的不便呢？"

"如果您存款的购买力这样缩水下去，结果会是什么样子？"

（4）解决层提问。

这一级主要是针对客户目前存在的问题，给出解决方案的提问，目的是解决客户存在的问题或者可能存在的问题来满足客户的需求。比如：

"针对这个问题，您目前有解决的方式吗？"

"您打算怎样处理这个问题？"

"我们银行的这款理财产品能解决这个问题，您有兴趣了解一下吗？"

总之，银行客户经理在向客户提问时要做到由表及里、层层递进，注意不要没有章法地胡乱发问，也不宜颠倒次序、不分轻重。

2. "二选一"提问法

在与客户沟通的过程中，客户经理也可以使用"二选一"提问法，激活客户的潜在需求。比如：

客户："你们银行的理财产品听起来不错，我想考虑一下再决定。"

客户经理："既然您认可了我们的产品，还有什么顾虑呢？您的顾虑是服务问题还是价格问题呢？"

客户经理在使用这种提问法时，要注意慢慢引导客户。如果客户有不同意见，要先肯定对方，消除他的顾虑，然后再进行提问；如果客户表现得很生气，客户经理就不要再继续追问下去了，否则会使客户更加不满。

💡 小贴士

客户经理在向不同客户进行提问时，所问的问题一定要具有针对性，这样才能更迅速地获取想要的信息。这需要客户经理学会察言观色，根据客户的神态以及肢体语言进行较准确的判断和推测，并适当地调整问题。

通过有效倾听，把握客户的需求

管理学专家汤·彼得斯和南·奥斯汀在他们合著的《追求完美》一书中谈到了有效倾听的重要性，他们认为有效倾听可以使销售人员直接从客户口中获得重要信息。但是，许多人在认知上存在这样的误区，认为客户经理只要有好的口才，能与客户侃侃而谈，就会有好的业绩。

实际上，"听"比"说"更重要，因为与客户进行沟通，是心与心的交流，如果客户经理一直滔滔不绝地讲话，而不去听客户的心理需求，就不能顺利地达成协议。同时，这么做也会让客户觉得自己不受关心和尊重。

德惠企业的财务总监性格比较外向，平时也喜欢交际，但很多银行客户经理都在他那里碰了钉子。因为这些客户经理总是在不停地介绍自己银行的产品和服务，让这位财务总监很排斥。唯独某银行的客户经理刘庆很快争取到了与该企业合作的机会，并和这位财务总监成了好朋友。

那么，刘庆是怎么做到的呢？原来在拜访前，刘庆不仅搜集和了解了许多有关该企业和这位财务总监的信息，还在拜访中认真倾听了对方的谈话，并时不时地给予对方回应，终于从这位财务总监的话语中找到了该企业的真正需求。最后，这位大客户在刘庆工作的银行签订了一个数额较大的存款业务。

从这个案例可知，客户经理要意识到倾听的重要性：倾听可以找到客户的真正需求，让客户感觉受到了尊重。优秀的客户经理总是善于倾听客户的需求、渴望和理想，善于听取和收集有助于成交的相关信息。

当然，倾听也是有技巧的，客户经理不能不听客户说话，也不能把所有时间都用来听客户说话。在倾听时，客户经理应注意以下六方面的技巧。

1. 鼓励对方先开口

鼓励对方先开口，不仅可以营造开放的氛围，还有助于彼此交换意见。《关键对话》的作者科里·帕特森说："鼓励对方说出想法，最简单、最直接的方式就是请他们开口表达。"

2. 反馈式倾听

反馈式倾听是认真倾听对方的观点后，了解对方的想法和感受，并按照自己的理解将对方的想法和感受反馈出来。其好处是，如果你的反馈与对方的心声一致，他就会跟你产生惺惺相惜之情；如果你的反馈与对方的心声不一致，他就会更加详细地讲出来。这样，让对方畅所欲言的目的就达到了。

3. 勿半截打断别人

有时候，客户经理之所以在交际中败下阵来，不是败在了不会说话上，而是败在了说得太多，说话的时机不对，总习惯在倾听时打断对方，急于了解对方或表达自己，这样就违背了倾听的真正意义。

4. 站在对方的立场去倾听

每个人都有自己的立场及价值观，客户经理要站在客户的立场仔细地倾听客户所说的每句话，不要用自己的价值观去评判或指责客户的想法。

5. 倾听时运用恰当的肢体语言

如果客户经理在倾听时态度比较冷淡，客户就会特别在意自己的一言一行，不容易敞开心胸。反之，如果客户经理在倾听时充满热情，客户就会备受鼓舞，从而谈兴大发。激发客户谈兴的肢体语言主要包括：自然微笑，不要双臂交叉抱于胸前，不要把手放在脸上，身体略微前倾，微微点头等。

6. 能倾听出重要信息

客户经理不仅要注意倾听，还要会有效地倾听，听出全部的信息和所需要的重要信息。重要信息包括：必须听清言语的事实；在听清言语的基础上，听出更深层的意思；必须听出感觉（表达的情感）。

💡 小贴士

在倾听时，客户经理要把客户说的重要信息记录下来。记录比记忆更重要，即使是经验丰富的客户经理，也要带着笔记本随时记录，这一方面能确保信息的准确性和完整性，另一方面能让客户感到受尊重。

掌握客户需求层次，进行营销

客户的需求通常是有层次的，即需求是逐级递增的。

在营销的过程中，客户经理要弄清楚客户的需求层次，进而才能给客户推荐高一个等级需求的产品，以激发客户的潜在需求。

王经理："大叔，您好，请问您要办理什么业务呢？"

大叔："我想办理汇款业务。"

王经理："那您汇给谁呢？"

大叔："汇给我女儿，这是给她的生活费。"

王经理："是本地的账户吗？"

大叔："不是，是外省的。"

王经理："大叔，那您女儿是在上学，还是已经工作了？"

大叔："我女儿今年刚考上大学。"

王经理："大叔，那我建议您办理网上银行汇款。其优点是能直接在家汇款。"

大叔："网上汇款安全吗？我怕有网络诈骗。"

王经理："您不必担忧这个问题。我们银行的网银采用的是国际公认的最先进的加密安全算法，而且走的是固定的网络通道，完全可以确保您的资金安全，我和身边的同事都在用，所以您放心好了。"

大叔："那还真不错，请你帮我开通一下吧。"

在上面的案例中，王经理一步步把客户的需求引导和挖掘出来，成功地说服了客户。在工作中，很多客户经理在没有了解客户需求层次的基础上，就开始推出自己银行的产品，结果导致营销一次次的失败。

> 💡 **小贴士**
>
> 有时，与客户的谈判并不是一帆风顺的，甚至受到的拒绝比接受多。在遭受拒绝的时候，客户经理应该判断客户拒绝的真假，然后采取一定的策略去处理客户的拒绝。

从财务报表中寻找有用的营销信息

客户经理可以研读财务报表，从报表中看到企业发展的趋势，对其今后的营销做一个判断，为银行提供具体的产品和服务提供决策依据。财务报表分析包括资产负债表、利润表和现金流量表。

1. 资产负债表

资产负债表是反映企业在某一特定日期（如月末、季末、年末）全部资产、负债和所有者权益情况的会计报表。

（1）从货币资金中发现营销机会。

货币资金包括库存现金、存放在银行或其他金融机构的各种存款以及其他货币资金。这是一种流动性最强的流动资产。

客户经理要重视对货币资金的着重分析。对货币资金的分析要把握两点。第一，判断规模是否适当。通常情况下，企业的销售规模越大，相应的货币资金规模也会越大。在相同的销售规模条件下，不同行业的企业货币资金规模也不同。第二，分析货币资金内部控制制度的完善程度以及实际执行质量。

（2）从应收账款中发现营销机会。

应收账款是企业销售后形成的待结算资产，银行可以营销应收账款质押贷款或应收账款保理融资。

对应收账款的分析要把握五点：一是考虑决定其规模的主要因素。二是重点考察应收账款的质量。三是考察应收账款有无真实的贸易背景，分析企业是否利用虚无信用来创造销售，或用无真实贸易背景的应收票据向银行贴现，加大企业信用风险。四是判断公司所处的市场状况。五是分析应收账款的坏账准备提取得是否充足。

（3）从交易性金融资产中发现营销机会。

交易性金融资产是指企业为交易的目的所持有的债券投资、股票投资、基金投资等交易性金融资产，持有的目的是近期出售，以便在价格的短期波动中获利。

分析交易性金融资产的技巧有：一是交易性金融资产的数量变化，二是核查投资收益情况，三是分析交易性金融资产的构成。

（4）从固定资产中发现营销机会。

固定资产是指企业为生产产品、提供劳务、出租或者经营管理而持有的、使用时间超过12个月的，价值达到一定标准的非货币性资产，包括房屋、建筑物、机械、运输工具以及其他与生产经营活动有关的设备、器具和工具等。

客户经理在分析固定资产时要注意这五点：第一，固定资产结构是否合理。第二，固定资产的价值是否合理。第三，固定资产的质量是否优良，固定资产是否具有增值潜力。第四，固定资产折旧是否足够。第五，主要固定资产是否设定抵押，以此来评价企业经营的风险性和可融资的潜力。

2. 利润表

利润表是反映企业在一定会计期间的经营成果的财务报表。利润表揭示的内容主要是帮客户经理了解企业经营成果的情况，是企业运用资产负债表中资源经营的结果，以此来评价企业的经营能力，判断企业的获利能力；评价企业的偿债能力，决定银行信贷决策条件。

企业利润恶化主要有四个信号：一是应收账款规模不正常增加，应收账款平均收账期不正常变长。二是企业存货周转过于缓慢。三是企业变更会计政策和会计估计，通过这种人为政策调整实现账面盈利。四是企业业绩过度依赖非主营业务等。

3. 现金流量表

现金流量表是反映现金和现金等价物的流入和流出情况的财务报表。现金流量表揭示的内容主要是帮客户经理了解企业的现金流入量和流出量，由此来判断企业在一定时期内由于经营、投资及筹资活动而引起的资产、负债及所有者权益方面发生的变动情况。

每个客户经理必须熟悉企业现金流量表的分析。企业资不抵债不一定破产，但如果没有现金流，就很有可能破产，对于这种情况，银行应予以高度关注。

> ### 💡 小贴士
>
> 客户经理在分析资产负债表时，除了从货币资金、应收账款、交易性金融资产和固定资产中发现营销机会外，还可以从存货、其他应收款、长期投资等项目中分析营销的有效信息。

营销扩展知识：撰写分析报告的技能

撰写定期或不定期的分析报告是客户经理的一项经常性工作。客户经理需撰写的分析报告主要有三种：客户价值评价报告、行业分析报告和重大事项专题报告。

1. 客户价值评价报告

客户价值评价报告是客户经理在对客户的调研资料进行整理、分析的基础上撰写的，是客户经理在对客户进行调研、价值分析后的一个阶段性总结。这个报告是客户经理开展业务的一个基础资料。

客户价值评价报告的主要内容包括以下六项。

（1）封面、摘要和目录。

报告的封面上要表明客户的名称、评价人、评价时间、保密等级、有效期等。摘要中要将报告的主要结论、论证分析过程、使用的分析方法进行总结性的阐述。另外，在摘要中也可以声明报告的使用条件，以及使用报告时应注意的问题。

（2）客户的基本情况介绍。

客户的基本情况，包括客户的名称、所属行业、注册地点、营业执照号、法人代表、开户银行、业务范围和联系电话等。

（3）内在条件分析。

内在条件分析，主要包括法人评价、市场评价、财务评价和重大事件评价。

（4）外部环境分析。

外部环境分析，主要包括行业分析和地区分析。行业分析主要侧重政策、经济等方面，地区分析主要侧重地区发展等小环境方面。

（5）与客户建立合作关系的具体设想。

（6）结论与附件。

结论应准确且精炼，报告中用到的原始材料可附在正文后面以附件的形式呈现。

2. 行业分析报告

银行的优质客户主要来源于成长性高的行业，因此撰写行业分析报告是客户经理从事客户培育的基础性工作。只要把握了行业的总体态势，就能为客户经理指明营销的目标和方向。

行业分析报告的主要内容包括以下八项。

（1）标题、报告摘要。摘要，即摘录行业分析报告中的主要结论。

（2）行业的概念、特征、地位和分类。

（3）行业发展的历史与现状。

（4）市场预测。

（5）该行业在本国、本地区的发展现状、存在的问题和发展前景。

（6）外部因素对行业发展的影响，以及行业内部结构分析。其中行业内部结构分析主要包括企业介绍、所占市场份额和银行的市场机会。

（7）政府的主要优惠政策及行业融资方式。

（8）金融服务建议包括该行业带给银行的机会与风险，其他银行的介入战略，向其中哪些企业提供服务并说明原因，以及提供哪些服务，介入的方式、时机，需创造的条件等。

3. 重大事项专题报告

重大事项专题报告是客户经理为反映客户拓展过程中的重大事项而撰写的专门报告。重大事项发生后，客户经理要尽快提交书面报告。报告应准确描述事件，分析事件，重点分析可能导致客户经理工作失败的因素，提出处理意见或建议。

第五章

展示金融服务方案，激发客户的购买心理

金融服务方案是营销过程中的重要手段和工具。客户经理要想展示一份优秀的金融产品服务方案，激发客户的购买心理，就必须了解自己所在银行的产品，以及掌握介绍产品的技巧等。

银行产品的种类和分类

美国著名营销学家菲利普·科特勒认为，产品是能够满足某种需要或需求的、在市场上销售并能够吸引人们注意力的、可以获得、可供使用或消费的任何东西。银行是经营货币商品的特殊金融企业，是提供金融服务的企业，它的产品与一般工商企业的产品有所不同。

银行产品有广义和狭义之分。广义的银行产品是指银行提供的所有金融产品和服务；狭义的银行产品是指由银行创造，可供资金供需双方选择的、在金融市场上进行交易的各种金融工具，如货币、各种票据、有价证券等。

▶ 银行产品的种类

银行产品是一个复杂的整体性概念。从市场营销角度来分，可以将银行产品划分为五种。

1. 核心产品

核心产品，指能提供给客户的基本效用和利益的产品。银行产品的基本利益是多种多样的，从而能够满足客户的各种需求。通常，客户需要的核心利益包括安全、保值、便利、透支、利息和各种预期。

2. 形式产品

形式产品，指满足客户需求的具体形式的产品，是核心产品借以实现的形式。比如，信用卡、支票、汇票和自动取款机等。

3. 期望产品

期望产品，指客户在购买或消费银行的某种具体产品时，期望这种产品所具备的一些属性和条件。其表现为银行良好和快捷的服务。

4. 延伸产品

延伸产品，指银行根据客户的相关需求提供给客户的附加利益，是客户在寻觅、购买和使用产品的过程中所感受到的利益。比如，质量保证、产品咨询、担保等。

5. 潜在产品

潜在产品，指产品存在的尚未开发的能满足客户潜在需求的附加功能的可能性。

▶银行金融产品的分类

银行提供的金融产品种类有很多，每一种产品都由一定的工具和与之相配套的若干特定服务组成。近年来，金融创新发展迅速，新产品不断出现，因此按照业务类型的不同，可将银行产品分为资产业务类产品、负债业务类产品和中间业务类产品。

1. 银行资产业务类产品

银行资产业务类产品的具体内容见下表。

银行资产业务	贷款	短期贷款、中期贷款、长期贷款
		国内贷款、国外贷款
		信用贷款、担保贷款
		工商业贷款、农业贷款、金融机构贷款、消费贷款、其他贷款
		零售贷款、批发贷款
		其他贷款安排
	投资	政府公债、公司债券、股票、包销债券、其他业务
	现金及存放同业	纸币与铸币、在中央银行存款、存放同业存款
	其他资产	

2. 银行负债业务类的产品

银行负债业务类产品的具体内容见下表。

银行负债业务	交易账户	活期存款、支票存款、货币市场存款……
	储蓄存款	活期储蓄存款、定期储蓄存款
	定期存款	普通定期存款、可转让定期存单……
	长期借款	金融债券、其他借款
	短期借款	同业拆借、回购协议、央行再贴现与再贷款、国际金融市场短期借款

3. 银行中间业务类产品

银行中间业务类产品的具体内容见下表。

银行中间业务	结算	异地结算、同城结算、电子资金划拨
	代理业务	代收代付、代理保险、保管箱业务……
	基金托管	
	承诺	贷款承诺、票据发行便利
	担保	票据承兑、投标保函、还款保函、备用信用证、履约担保……
	咨询顾问	资产管理顾问、信息咨询业务、财务顾问业务、现金管理业务
	金融衍生业务	期权、期货、远期利率协议……
	其他中间业务	

💡 **小贴士**

　　客户经理在向客户介绍银行产品前，一定要弄清楚自己所在银行都有哪些产品，其中哪些产品具有特色等。

银行产品介绍的常用方法

当客户经理与客户商谈时，如何进行产品和服务的介绍非常重要。介绍银行产品和服务的目的是让客户认识到自己的显现需求和潜在需求，同时认同客户经理提供的产品或服务能满足他的需求或解决他的问题。

▶产品介绍的交叉营销法

现代营销的方法多种多样，在整体上可以采用交叉营销法。交叉营销法是借助客户关系管理，发现客户有多重需求，并通过满足其多种需求而产生的新营销方式。

交叉营销法有两大功能。第一，使用这种方法可以增强客户的忠诚度。有数据显示，购买两种银行产品的客户的流失率是55%，而拥有四种或更多产品或服务的流失率几乎是零。第二，使用这种方法也可以增加银行的利润。实践证明，将一种产品和服务推销给一个现有客户的成本远低于吸收一个新客户的成本。

交叉营销有四个步骤：一是收集客户资料；二是确定目标客户的期望；三是分析客户的财务现状；四是整理提出理财的规划建议，执行和回顾理财规划。在实施交叉营销的过程中，客户经理可以根据客户的不同需求，提供不同的理财建议，进而促使客户购买更多的产品。客户购买的产品越多，转移的成本就越高，也就越离不开银行。

▶产品介绍的五大技巧

在介绍银行产品的细节时，客户经理就要具体问题具体分析，可以运用的方法有很多。下面给大家介绍五种比较常见的方法或技巧。

1. 简约介绍法

很多客户对银行产品的认识程度并不高，如果你用专业的语言介绍产品，客户就不容易听明白，自然也不会想购买银行的产品。

简约介绍法可用下面四句话来说明。

（1）"简单说……"

这句话是把复杂的产品简单化、形象化，与一款类似且通俗的产品进行对比。

（2）"很合适……"

这句话是把客户的身份纳入进来，让客户觉得这款银行产品很适合自己。

（3）"使用之后 / 投资之后……"

这句话是对客户利益的展示与告知，让客户明白这款产品将给他带来什么好处。

（4）"不错吧……"

这句话是强化客户对银行产品的认知，使其心里对产品建立良好的印象。

2. 数字法

在向客户介绍产品时，你可以将一系列的数字摆在客户的面前，能很快吸引客户。比如："王先生，我想提醒您，现在只要您每个月交300元，未来30年就有20万元的寿险保障，还有10万元的意外保障。此外，30年期满后您还可以领20万元的满期金。"

3. 视觉销售法

视觉销售法就是让客户看到或在头脑中想到购买产品后的情景，以及使用产品能给他带来的好处。销售心理学发现：如果你能让客户想象或看到银行产品未来能给他带来的好处，他就容易接受你的服务或购买你的产品。

因此，客户经理必须善于让客户去想象未来的美好前景。但这还不够，还要让客户想象如果他买不到你的产品，他在未来会变得多么痛苦，或是造成什么样的损失。这又叫"痛苦视觉销售法"。作为一名客户经理，要懂得运用这种方式来介绍银行产品，使产品更有生命力，让客户感觉到能量，这点非常重要。

4. 条例法

条例法适合在开场介绍产品的时候使用。这种方法可以帮助客户经理一条条说明产品的特色、适合对象、利益好处等，系统而清楚地进行表达，并附有佐证的案例，让客户容易理解你所说的内容。在使用这种方法时，重点最好不要超过三点，并且每一个重点最好不要用过长的句子来说明。

5. 假设问句法

我们把所售的理财产品的最终利益或是产品能够带给客户的解决方案，用一种问句的形式来询问客户，进而使他充满期待，引导客户参与到我们的销售环境中。这就是假设问句法。

> **小贴士**
>
> 客户经理经常犯的一个错误是，针对不同的客户，所采用的介绍银行产品的方式却是一样的。这是不可取的。客户经理在介绍产品时应根据客户不同的需求，采取不同的介绍方法。

组织沙龙活动，说服客户购买更容易

沙龙活动是会议营销的一种方法，做沙龙的目的是维护客户、拓展客户、实现批量化营销。目前，银行举办最多的是以产品推介为目的的沙龙活动。个别时候也会与保险公司等一同策划组织。

客户沙龙的组织与策划是成功举办客户沙龙的关键，客户沙龙的举办主要有四个环节：客户沙龙的计划与准备、客户沙龙的举办与执行、客户沙龙的评估和客户沙龙的后期跟进。下面在四个环节中选取几个要点为大家进行详细讲述。

1. 确定一个有吸引力的主题

客户沙龙的主题确定至关重要。在大营销时代，客户几乎每天都会接到电话、短信、邮件的产品营销，大多数客户已经开始抵触不同形式的产品营销，因此，在确定沙龙主题时，必须确定一个与产品相关、能够引起客户兴趣并为客户带来价值的主题。

比如，你想通过沙龙营销贵金属的饰品，可以确定目标客户群体为女性，但不能直白地用诸如"贵金属产品"这样的主题作为沙龙主题。相反，可以选择一些女性关心的话题来吸引这部分客户，例如"打造魅力女性""做有气质的女人"等。

（1）根据时间节点确定客户沙龙主题。

人们在每个节假日会表现出不同的金融需求和消费特点，因此营销要"顺势而为"，即利用不同的时间节点、人们的消费与储蓄特点，确定不同的主营销产品，才能起到事半功倍的效果。

（2）根据客户群体的兴趣及金融需求的特点确定沙龙主题。

为了保证客户沙龙的有效性，客户经理也可以针对不同客户群体的兴趣与需求，选定客户沙龙的主题。比如：

客户群体	兴趣点	沙龙主题
企业老板	经济形势	经济走势与投资机会
	行业动态	××行业论坛
年轻白领	交友	单身派对
	健身	城际徒步
	职业发展	职业生涯规划
家庭主妇	子女教育	家庭教育讲座
	省钱	小钱变大钱
	美容	中医与健康

2. 策划周密详尽的方案

确定好客户沙龙的主题后，为了保证沙龙活动的顺利组织和举办，第一步要做的是确定整体策划实施方案，同时成立客户沙龙功能小组，对人员进行分工，开展客户沙龙的前期准备工作。

（1）客户沙龙整体策划实施方案。

沙龙整体策划实施方案最好由大家一起讨论拟定，这有利于大家合理分工、明确目标。一般，客户沙龙整体策划实施方案中至少包含以下六点。

• 沙龙主题和名称。

• 举办客户沙龙的主要目的。

• 客户沙龙举办的时间、地点、预邀约客户对象与人数。

• 会场布置要求、物品准备和人员分工。

• 对沙龙的费用进行整体测算。

• 客户沙龙的详细流程。

同时，在策划沙龙的方案时要注意：沙龙时间应符合客户习惯；举办的地点最好离网点近；沙龙的流程要尽量详细；整体客户沙龙时间控制在2个小时内最佳；进行财务测算，控制好沙龙的整体费用。

（2）成立客户沙龙功能小组。

沙龙整体方案确定后，要成立客户沙龙功能小组，对参与沙龙活动的人员进行分工，责任落实到人，每一个任务的完成时间要明确。沙龙功能小组可分为后援组、礼仪组、促成组、教学组和督导组等。

（3）确定主持人和讲师。

主持人和讲师是沙龙举办过程中最重要的两个角色。主持人的主要任务是调动客户情绪、活跃现场气氛，因此应选择有亲和力的、做事灵活、性格开朗、应变能力强的主持人；讲师可以由银行工作人员担任，也可以聘请第三方人员，或者由合作方提供。讲师一般要求具有较强的专业性、表达力和情绪调动力。

3. 控制好沙龙活动的现场

控制好沙龙活动的现场一定要做到以下三点。

（1）紧扣一个宗旨。

一场沙龙最重要的不仅是进行产品的营销，更是抱着先服务后营销的态度，因为只有在服务好客户的基础上再营销才能真正地打动客户。

（2）营造两种氛围。

从某种程度上说，沙龙对客户来说是一种体验，体验的好坏直接影响沙龙的效果。成功的沙龙，尤其是以产品营销为目的的沙龙，往往会使客户感到轻松愉快，能调动以客户为主角的互动氛围。

（3）现场优化的五个环节。

现场优化的五个环节指客户的鼓动环节、产品介绍环节、现场答疑环节、营销促成环节和营销结束环节。

💡 **小贴士**

为了更好地了解某次沙龙的效果以及准确掌握客户的金融需求和兴趣点，最好能够在结束前对某次沙龙情况做一次调研问卷。问卷设计不宜太复杂，主要以选择题为主，内容包括客户的基本信息、对某次沙龙的评估、客户的金融需求及兴趣点等。

金融服务方案的制定和展示

金融服务方案是银行在诊断客户需求的基础上合理组合银行产品，通过书面形式向客户提供满足其需求的一种提案式或建议式的营销文书。金融服务方案是营销过程中的重要手段和工具。

虽然金融服务方案是一种参考性文书，但由于它是为优质客户量身定做的，具有很浓厚的人情味，针对性和可操作性强，在银行营销中发挥着特殊的作用。它有利于表明银行客户经理和所在银行为客户专门服务的诚意，能增加客户的信任度，同时解答客户在金融服务需求方面的困惑等。

▶金融服务方案的制定

金融服务方案的制定要做到两点，同时要注意五个特性。

1. 整合银行资源，满足优质客户的需求

金融服务方案内容涉及银行产品和服务渠道的整合，以及人力、物力、财力和信贷等资源的优化配置，因此也是银行营销组合策略的载体。一旦金融服务方案被客户接受，银行必须做到"言必信，行必果"。

2. 找出并解决客户的痛点

好的金融服务方案应准确指地出客户的需求，也就是戳到客户的"痛点"，引起客户兴趣并产生共鸣。同时，好的金融服务方案也要能解决客户的问题，也就是解决客户的"痛点"。

此外，制定金融服务方案时需注意五个特性：

一是透彻理解客户的需求，使方案具有针对性。

二是突出优势和特色，使方案具有竞争性。

三是确保质量，使方案具有操作性。

四是认真学习，使方案具有专业性和权威性。

五是精心写作和制作，使方案具有新颖性。

▶金融服务方案的展示

金融服务方案的展示就是通过一连串的、能够代表产品或服务特性、优点以及给客户带来利益的系统地陈述或展示，从而引发客户产生购买欲望。

1. 金融服务方案展示的目的

金融服务方案展示的目的有四个：一是提高客户对产品的认知度；二是提醒客户对问题现状的重视，并对其进行需求引导确认；三是让客户认同银行的产品与服务；四是让客户知道能获得哪些改善等。

2. 金融服务方案展示的辅助推广材料

金融服务方案展示除了需要准备主要演示文本外，还需要有一些辅助产品推广的材料，如产品宣传手册或宣传折页等。这些辅助推广材料能提高客户对产品的认知度，同时也方便客户在产品推介结束后，有兴趣对产品有更深入的了解。另外，最好在这些材料中附上联系方式，以方便客户进一步咨询。

3. 金融服务方案展示时应遵循的三个原则

金融服务方案展示时应遵循的原则有三个，分别是吸引力、益处和可信度。吸引力，即用一些有吸引力的信息来消除客户的反对或逆反心理。益处，即通过解释"客户能得到什么"来说服他们，这是信息策略的核心，也是金融服务方案展示的重要方法。可信度，就是在展示金融服务方案的过程中，客户经理要列举一些有代表性的成功案例，这些案例往往能起到事半功倍的作用。

> **🔆 小贴士**
>
> 使用金融服务方案的时机有两个。
>
> 一是了解到客户有新需求时。客户的新需求有时是主动向银行提出的，有时则是客户经理通过了解获得的，还可能是客户经理通过对客户信息进行分析、预测得到的。
>
> 二是银行推出新的产品或服务时。为了便于客户理解和采用银行新的产品或服务，客户经理可通过专项产品服务方案来向客户推荐，这不失为一种很有效的时机。

建立信任，客户才愿意购买你的产品

银行客户经理希望约客户见面，已经给客户打了三次电话，但每次客户都说没时间；客户的钱存的是活期，如果存定期，收益会高好几倍，然而每当客户经理刚开始介绍定期的时候，就会被客户打断……

这些情景每天都在上演，并带给客户经理一次又一次的挫败感。到底是哪里出现了问题呢？尽管有各种不同的观点，但都源于客户的"不信任"。因此，要想成为一名优秀的银行客户经理，重要的不只是学习产品和专业，还要让客户对你建立信任。

▶ 建立信任的三大技巧

这里给大家介绍让客户建立信任的三大技巧，分别是说中特征、说对数据和说破心理。

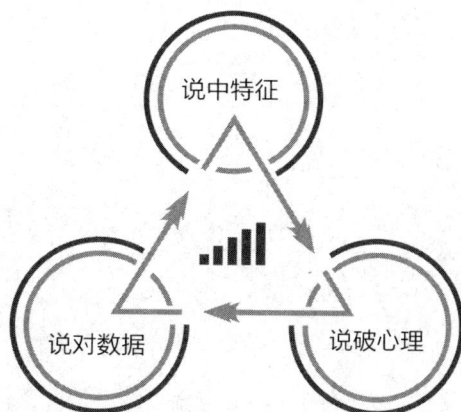

说中特征

说对数据

说破心理

1. 说中特征

什么是特征？客户的个人特征、职业特征、偏好特征等都属于特征的范畴。其中，个人特征包括姓名、籍贯、住址等，职业特征包括行业、职位、特性等，偏好特征包括习惯、口味、投资风格等。如果客户经理能说中客户的其中一些特征，就会有意想不到的效果。

2. 说对数据

客户经理在与客户建立信任的过程中，最具震撼力的非数字莫属，这样可以让客户瞬间感觉到你的用心。因此，客户经理有必要牢记与客户相关的数据。这些基本数据包括个人数据、家庭数据、事业数据、健康数据和金融数据。

其中，个人数据主要包括年龄、生日、电话号码等，家庭数据主要包括人数、年龄、楼号等，事业数据主要包括公司成立时间、员工人数等，健康数据主要包括血糖和血压等。当你能把这些数据准确地说出来时，客户自然会对你刮目相看。

3. 说破心理

旁人不了解的人生是寂寞的，所以许多人会不由自主地寻找了解自己的人。一旦找到了，就会觉得自己的人生充满幸福，且非常珍惜了解自己的人。优秀的客户经理通常具备这种能力，能快速地让客户产生幸福感，而这种幸福感源于"他了解我"。

面对陌生人，第一次见面就能让对方敞开心扉地沟通是一件看似很难，但掌握了沟通技巧后便不难做到的事情。关于说破心理的技巧，下面主要介绍两种方法：例行话题和矛盾捆绑。

（1）例行话题就是不管用在什么人身上都基本上能说中对方心理或经历的语言。比如，你可以说"您曾经在财务方面出现过一些没有达到预期的事情吧"，而不是说"您在以往的投资中有过失败的经历吧"。

（2）矛盾捆绑所应用的原理就是世界上不存在非黑即白的事物，即人的性格通常不只有一面。掌握了这个原则，让客户感觉你很了解他就容易多了。比如，你可以说"您看上去是一个有个性的人"，而不是说"您的性格看起来比较冷漠"。

▶客户经理不被信任的三大因素

客户经理不被信任的因素有以下三种。

1. 角色问题：是营销而非顾问

你和朋友去饭店吃饭，点菜时问服务员："有什么特色菜？"

服务员A的做法是：一下子介绍了十道菜。你选了五道菜，后来朋友又想退两道菜。你喊服务员退菜，服务员说："已经下单了。"

服务员B的做法是：先问你们喜欢吃清淡菜还是味重菜，是辣的还是不辣的，问完后，推荐三道菜。当你还想点菜时，她主动说："店里的菜量比较大，三道菜就足够了，如果待会儿不够了再叫我。"

这就是营销与顾问的区别。前一个服务员属于营销，后一个服务员属于顾问。客户经理要从客户的角度去问，了解客户的需求，才能推荐适合客户的产品。

2. 思维问题：是求果而非求因

大多的客户经理眼中只有业绩，口中只有产品，这种带着功利的动机、明确的目的、生硬的语术走近客户的方式，在营销过程中定会四处碰壁，与客户的关系会越来越疏远。相反，那些对客户体贴入微，能够关心客户的感受、关注资金安全的客户经理，往往能得到客户的信任。因此，银行客户经理一定要切记，营销工作重在修因，而不是求果。

3. 动机问题：是产品而非难题

许多客户经理经常提出这样的疑问："推销与营销有什么区别？"推销是以产品为中心；营销是以客户为中心，目的是解决难题。营销界曾提出向医生学习营销的理念，这对刚入门的营销人员具有很大的启发和借鉴作用。客户经理要像医生一样，先找病，再开药，即只有找到客户的痛点，才能找到卖点。

> **💡 小贴士**
>
> 通常，客户期待的三大角色是朋友、医生和大管家。客户反感的三大角色是骗子、奸商和推销员。客户经理在营销过程中要以客户为中心，从客户的角度去考虑问题，才能打动客户。

营销扩展知识：银行产品差异化营销

产品差异化营销是银行营销策略中十分重要的内容。尤其在当前银行业产品同质化非常严重的大环境下，产品差异化是银行进行营销突围、减少竞争威胁的关键一步。

▶以市场定位找到产品的差异点

以市场定位找到产品的差异点是产品差异化设计的基础。市场定位是指根据目标客户群、消费特点、消费力等因素进行差异化市场推广。市场定位包括产品定位，决定了产品的发展方向。

客户经理要从市场定位切入，对产品进行差异化定位。通常，银行客户经理可以从两个方面来找产品的差异点。第一，了解目标客户群的特点、金融消费力、购买渠道等因素，锁定目标客户群的核心价值；第二，根据目标客户群的核心价值，找出竞争性产品以及决定该产品市场销售力的差异化属性，创造产品的差异化，找准所在银行产品的切入点和卖点。

▶银行差异化产品的设计方法

通常，银行差异化产品的设计方法主要包括下面四种。

1. 创新设计法

随着金融市场的日新月异，银行客户对金融产品和服务的需求也越来越多，越来越个性化。许多客户的金融需求靠现有的金融产品和服务已经远远无法得到满足，因此银行必须根据客户的需求，研发、创新出新的金融产品和服务。

针对客户新的金融需求，创新产品形式是银行打造差异化产品的重要方法。要想设计出既有卖点又有市场的新产品和服务，银行必须从客户的角度出发，满足客户的不同金融需求。同时，银行要从自身定位的角度出发，以强大的管理能力实现新产品和服务的完美体验。

2. 外观设计法

在过去，银行卡的外观并不会成为客户选择某家银行的考虑因素。然而，随着追求个性的80后、90后甚至00后逐渐成为银行的主要客户群，加上各个银行的银行卡外观上的同质化，使银行卡外观设计能够彰显个人特点等因素也成了银行竞争力的一个方面。另外，一些银行还推出了个性化定制银行卡的服务。

3. 扩展设计法

扩展设计法是指银行在原有产品、服务的基础上对产品的功能、服务流程和细节等方面进行扩展、延伸，增加一些新的服务项目或产品功能，从而使本行的产品、服务和其他银行的同类产品、服务有所差异。

4. 组合设计法

组合设计法是通过对原有产品、服务进行组合创新，形成新的产品和服务，是银行最重要的产品差异化设计方法。同时，利用这种设计法进行产品差异化设计比较简单，容易操作，只要能对目标客户进行精准定位，找准市场需求，就会收到很好的效果。

▶ 银行差异化产品的开发与推广

通常来说，银行差异化产品从开发到推广有四个步骤。

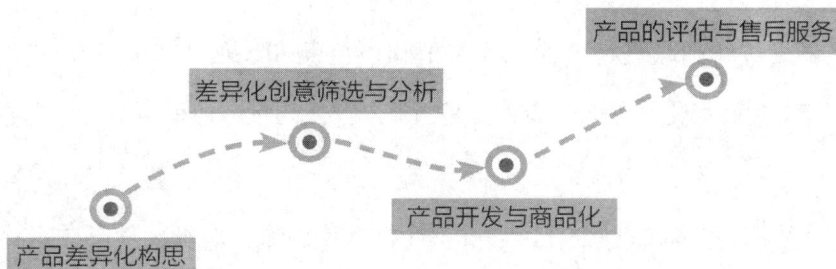

1. 产品差异化构思

产品差异化构思主要是找到产品的差异点。除前面介绍的以市场定位寻找产品差异点的方法外，客户对原有产品与服务提出的一些问题或疑虑，以及客户提出的新的需求或投诉，也是产品差异化创意的来源。

2. 差异化创意筛选与分析

银行集中了各个渠道提供的差异化产品的构思和创意后，需要经过筛选、分析，进一步确定与银行自身定位、整体经营目标一致，同时又与金融政策和资源一致的差异化构思。

3. 产品开发与商品化

在这个阶段，银行一方面需要投入大量的资金和人力，另一方面要在产品开发出来之后采用试运营等方式进行测试，了解目标客户对新产品的反应。产品通过测试后，就进入了商品化阶段，内容包括新产品正式推出的时机、地区选择，以及市场推广的广告和促销策略等。

4. 产品的评估与售后服务

银行对新产品进行全面、系统的市场监测和评估，是实现新产品从设计、开发到商品化必需的一步，更是新产品开发与推广过程中不可忽视的重要环节。

售后服务是最后一个环节。在这个环节中，客户经理要注意两点：一是对新产品的了解和服务技巧要达标，二是银行内部各方面资源的协调与配合要到位。

第六章

解除客户异议，为交易达成扫清障碍

《墨子》中有一句话："甘瓜苦蒂，天下物无完美。"可见，十全十美在现实世界中很难找寻。既然是这样，无论你的产品或服务有多好，总会有人感到不满意，甚至表示拒绝你的产品或服务。对于这些，我们都可以理解为"异议"。面对客户的各种异议，客户经理要有一定的应对技巧和方法，才能获得交易的成功。

找到原因，击破客户异议有方法

很多时候，客户的拒绝并不是客户经理的错，你没有必要把责任都归咎于自己身上，最需要做的是找到客户异议的真正原因，掌握处理异议的方法。

▶ 客户异议的种类

在找到客户异议的原因前，先来了解一下客户异议的三种不同的种类，即隐藏的异议、虚假的异议和真实的异议。

1. 隐藏的异议

隐藏的异议是指客户并不把真正的异议提出来，而是提出各种假的异议，目的是要借此假象以达成隐藏异议解决的有利环境。比如，客户希望降价，却提出其他如外观、品质等异议，以降低产品的价值，从而达到降价的目的。

2. 虚假的异议

虚假的异议是指客户用借口或敷衍的方式应付客户经理，目的是不想与该银行合作，还可能是不信任客户经理，而提出许多拒绝的理由。比如，客户经常提出"要和领导商量一下""要与其他银行进行比较"等虚假异议。

3. 真实的异议

真实的异议是指客户提出异议是有事实依据的，因而异议是真实、有效的。比如，客户告诉客户经理，该企业流动资金暂时不足，没有能力购买银行的产品。如果实际情况的确如此，这些异议就都是真实、有效的。

▶客户异议的原因

对于提出异议的客户，客户经理要做的不是放弃该客户，而是有效地去分析和找到客户提出异议的原因，然后妥善地予以解决才是关键。通常，客户提出异议的原因主要有三个：客户的原因，客户经理的原因，银行、产品和服务的原因。

1. 客户的原因

客户提出异议，有时是客户的原因，这些原因主要包含五个方面的内容。

（1）拒绝改变。很多人对改变都会有抵触情绪。

（2）没有意愿。客户的意愿还没有被激发出来。

（3）情绪低落。当客户情绪低落时，他可能没有心情来商谈，因而容易产生异议。

（4）预算不足。客户预算不足时会产生价格上的异议。

（5）客户抱有隐藏的异议。

2. 客户经理的原因

客户提出异议，有时是客户经理的原因，主要包含六个方面的内容。

（1）客户经理无法赢得客户的好感。

（2）客户经理夸大不实的陈述。

（3）客户经理为了说服客户，以不实的说辞哄骗客户，结果带来客户更多的异议。

（4）客户经理使用了过多的专业术语。

（5）客户经理说得太多或听得太少，对客户的问题点把握不准。

（6）客户经理引用了不正确的调查资料等。

3. 银行、产品和服务的原因

客户提出异议，有时是银行、产品和服务的原因。比如，客户对银行的品牌不满意，或银行的产品或服务不能满足客户的需求。

总之，客户经理应冷静地判断客户产生异议的原因，并针对原因采取针对性的措施，如此才能消除客户的异议。

▶ 处理客户异议的方法

处理客户异议的方法有很多，这里主要介绍四种方法，即以优补劣法、让步处理法、除疑去误法和意见合并法。

1. 以优补劣法

以优补劣法，又称补偿处理法、抵消法、平衡法，是指客户经理利用客户异议以外的、能补偿给客户的其他实际利益，对客户异议实行补偿的方法。运用此方法应注意一点，因为前面肯定了客户的异议，所以应该马上给出补偿内容，否则会使客户失去信心。

客户："我对你们的理财产品不感兴趣，也没有时间理财。"

客户经理："您确实是个大忙人。工作的目的是赚钱，理财的目的也是为资产增值，我们的目标是一致的。我的工作就是为忙碌的您提供专业的理财咨询服务，让您能够把更多时间留给您的事业和家人。"

2. 让步处理法

让步处理法就是客户经理根据有关事实和理由来间接否定客户的意见。采用这种方法时，客户经理要先向客户做出一定的让步，承认客户的看法是有一定道理的，然后再说出自己的看法。这样可以减少客户的反抗情绪，才能使你的意见被客户接受。

客户："今年的整体趋势不太好，所以我打算投资基金。"

客户经理："您说得有道理，今年的整体趋势确实像您说的那样，但这种情况反而是主动性基金表现的机会。"（接着客户经理拿出准备好的有关数据向客户说明和演示。）

3. 除疑去误法

在营销的过程中，客户之所以产生异议，是因为对产品或服务本身并不是很了解，或得不到正确的资料来为自己解惑。对此，最好的办法是客户经理再次解释、清晰解释，以消除客户的疑问。

4. 意见合并法

意见合并法是指将客户的几种意见汇总成一个意见，或将客户的反对意见集中到一个时间讨论。意见合并法的目的非常明确，即削弱反对意见对客户产生的影响，保证营销活动的顺利进行。

> 💡 **小贴士**
>
> 客户提出异议时，除了用语言表示异议，还会通过肢体语言表现出来。比如，客户会通过面部表情、动作姿态来传递各种各样的信号。因此，客户经理应了解一些肢体语言所表达的含义。

面对投诉的客户，不与其正面冲突

投诉是客户很重要的信息反馈，它反映了银行服务过程中存在的具体问题，而这些问题正是客户经理需要关注并及时解决的。更深入地说，处理客户投诉是发掘客户需求、拓展业务、体现银行个性化服务水平的最好时机。比如，客户经常会这样抱怨和投诉：

"你们就是骗子，去年我来办的存款利率是2%，今年已经上升到2.5%，为什么我的利率不上调？"

"去年你向我推荐一款理财产品，说每个月的收益率都会在4%以上，可实际上，达到这个标准的只有3个月，其他几个月平均收益率也就3%。你这不是骗人吗？"

"我要投诉。3个月前，我从你们银行买了一款理财产品，本来还想着赚点钱，可是现在本金都赔了不少，你说，这怎么解决吧？"

据有关调查，如果处理投诉得当，挽留流失客户的机会有60%，处理投诉得当且及时，挽留客户的成功率可以达到90%～95%。因此，客户经理在面对客户投诉时，一定要有适当的处理技巧。

1. 有感谢客户投诉的心态

沟通过程中的心态很重要，客户经理的心理和态度的好坏往往决定了沟通的成败。如果客户经理怀着对抗和敌视的心态，认为"客户是来找麻烦的，他在故意为难我"，那么在处理投诉问题的时候就会表现出不耐烦的情绪，甚至会引发与客户的新的争执和矛盾。

相反，如果客户经理把客户投诉当作推动服务进步的契机，对投诉者表示感谢，并诚恳致歉，予以改进，就很有可能消除客户的不满，减少服务中的摩擦。

2. 以一颗平常心去面对

在工作中，银行客户经理经常会遇到一些投诉问题。客户经理大多时候认为这是客户的个人问题，却没有意识到客户是对银行产品和服务等产生不满而抱怨或投诉的。因此，客户经理在处理客户的投诉时，应先调整好自己的心情，以一颗平常心去对待，然后再努力找出解决问题的办法。

3. 不与客户争辩

大多数时候客户的投诉与抱怨是合理的，但也不排除有一些无理取闹的客户存在。当面对无理取闹的客户时，客户经理不能不理睬，更不宜与其争辩谁是谁非，这样的争执只会加深矛盾。在这种情况下，客户经理真正要做的是与客户协商如何解决问题。

4. 换位思考

客户经理要学会换位思考，才能真正了解客户的诉求。因此，客户经理应当进行积极的心理建设，要反复对自己说："客户是来寻求帮助的，而我可以帮助他。"

5. 尽最大努力处理客户的投诉

一旦客户经理妥善处理了客户的投诉，便能大幅度地提高客户的忠诚度和信任度。如果客户经理个人很难处理投诉的话，要学会借助同事的力量，懂得团队合作。德国著名哲学家亚瑟·叔本华曾说："单个的人是软弱无力的，就像漂流的鲁滨孙一样，只有同别人在一起，他才能完成许多事业。"

另外，客户经理在处理好投诉后，还要向客户表示诚恳的谢意，感谢客户再次相信自己，给予自己改正的机会，希望客户以后再来办理其他业务，以便为客户提供更好的服务。

6. 总结经验，杜绝投诉再次发生

相同或类似的投诉事情不能总是发生。在遇到投诉后，客户经理要从中总结经验，分析客户投诉的原因，明确在以后的工作中应注意的事项，以及如何避免再被投诉等。

> 💡 **小贴士**
>
> 　　时间是服务补救成功的关键因素之一。如果在银行营业场所发生的服务失误，客户经理应立即对客户的问题予以回应。如果是其他渠道，如电话银行、网络银行发生服务失误，应限定一定的解决问题的时间，并向客户承诺，不要让客户无限期地等待。

开展一场成功的业务谈判，赢得签单

做好充足的准备后，客户经理就可以进行业务谈判了。谈判是为了协调彼此之间的关系，通过协商争取达成意见一致的行为和过程。

一场成功的谈判的标准有三点。

（1）目标的实现程度。成功的谈判应是达成了协议，又尽可能接近己方预先制定的最佳目标。

（2）谈判效率的高低。谈判的效率是指谈判实际收益与谈判成本之间的比率。

（3）维护互惠关系的程度。这是谈判的一个长远目标。在谈判过程中，客户经理要重视建立和维护双方的互惠合作关系。

良好的谈判技巧能帮助客户经理与客户之间建立更融洽的关系。下面给大家介绍四种常用的谈判技巧。

1. 不直接说出自己的目的

客户经理一开始就亮出自己的底牌并不是一种明智的做法，这样很容易陷入被动的境地，被对方牵着鼻子走。如果客户经理在谈判时隐藏自己的底牌，能起到迷惑对手的作用，因为对手并不知道你究竟有多少实力，从而让对手心里感到担心和不安。

2. 不像多米诺骨牌一样让步

在谈判过程中，适当地让步有利于谈判的进行，但客户经理不能像多米诺骨牌一样让步。同时，客户经理的让步也应遵守以下两个原则。

（1）使银行让步等价于对方让步。

客户经理要尽可能避免无谓的让步，应用银行让步的许诺，谋求对方做出等价让步。你让步的目的是换取对方在某些方面的相应让步或优惠，因此，让步必须最终体现对银行有利的宗旨。

（2）让步要有余地。

在谈判的关键问题上，客户经理要力争让对方先让步，而在一些不太重要的谈判问题上，客户经理可以考虑主动做出一些让步姿态，并及时记录，以此作为下一次交易的筹码，增强与对方讨价还价的底气。

3. 破解僵局有技巧

在营销谈判中，谈判双方经常会为贷款担保方式、服务方式、贷款利率等问题互不让步，使谈判陷入僵局。一旦进入这种状态，谈判就有可能随时终结。因此，客户经理要懂得运用以下技巧，使谈判走出僵局。

（1）面对僵局，可以变换一种谈判方式，如采用迂回否定的方法。

（2）面对僵局，通过巧妙地变换话题，消除谈判双方沟通的心理障碍，可以改善紧张的谈判气氛，使双方能重新讨论有争议的问题，推动谈判的进程。

（3）假设当天的谈判实在进行不下去了，可以主动提出下次再谈。

（4）主动改变协议类型。如果对方不同意签订全面合作协议，可以尝试一种单项合作协议。

4．为客户保留面子

作为银行客户经理，谈判时一定要充分考虑客户的"面子"。那么，怎样做能使客户感觉有面子呢？以下四种做法或许可以帮助你。

（1）说话的态度要温和，语气轻柔，不宜在客户面前表现出傲慢的样子。

（2）不宜当众指责客户，即使是对方的错，也不宜得理不饶人，要找台阶给对方下。

（3）尊重客户的决定，不能"穷追猛打"，应适当变通。

（4）抓住机会，对客户的行为进行称赞。

总之，客户经理应该把客户的面子当作自己的面子一样，意识到爱护客户的面子就是爱护自己的面子。

此外，客户经理在谈判中还要避免以下五方面的错误。

（1）仓促上阵。对于银行客户经理来说，不做好准备就开始谈判是绝不应该的。

（2）固执。这里的固执是指如果你已经认定了一种解决方法，就不会接受其他人的建议，认为解决方法只能是你提出的那一种。

（3）力不从心。如果有这种感觉，你应该先中断谈判，好好思考一下为什么会这样，不宜勉强继续谈判。

（4）承诺过多。承诺过多的结果是不会让客户更满意的，而是让他觉得一切都很容易做到，你并没有付出很多。

（5）结束仓促。在谈判的每一步中，谈判者都要把注意力集中在结束谈判上。因为谈判中的拖延有可能对谈判产生负面影响，但这并不意味着你要仓促结束谈判。

💡 **小贴士**

在进行谈判前，客户经理首先要对谈判的总体态势进行分析，评估谈判双方的实力，为制定谈判方案奠定基础。

客户成交的信号和成交方法

成交是客户经理营销的最后环节。许多客户经理在这个环节感到很有压力，因为一旦要求客户购买，可能拒绝就会随之而来。其实，如果你能把前期工作做得非常到位，那么这个成交的环节也就不难了。在这个环节中，只要客户经理能掌握客户成交的信号和一些成交方法，就会非常容易签单。

▶ 客户成交信号

成交信号有些是客户有意表示的，有些则是无意流露的，后者更需要客户经理及时发现。客户成交信号的表现形式是复杂多样的，一般可以分为语言信号、行为信号和表情信号。

1. 语言信号

常见的语言信号有以下几种。

（1）询问产品的一些细节问题。比如：

"如果想用钱，能随时取出来吗？"

"这个产品的收益是多少呢？"

（2）向陪同一起来办业务的亲人或朋友征求意见。比如：

"你看我们要不要买这款理财产品呢？"

"你怎么看？"

（3）询问办理此业务的具体流程、手续。比如：

"这个业务具体如何办理呢？"

"办理这个业务还需要填单子吗？"

（4）询问其他客户的购买和使用情况。比如：

"你们这个产品有多少人购买啊？"

（5）询问银行的后续服务问题，或使用中遇到困难如何处理等。比如：

"办你们的信用卡，每个月什么时候还款呀？"

2. 行为信号

客户有意购买时，通常会通过一系列行为来传递信号。

（1）客户对产品表现出浓厚的兴趣，非常关注，面带微笑，频频点头。

（2）客户的态度突然从冷漠、怀疑变为亲切、随和。

（3）客户突然沉默不说话，陷入沉思。

（4）客户主动跟营销人员要产品宣传折页或产品说明书。

（5）客户让营销人员帮忙计算购买一定金额产品的具体收益。

3. 表情信号

人的表情是很丰富的，客户经理可以通过客户的面部表情分辨出成交的信号。

（1）客户由凝神深思转为轻松愉悦，脸上有时会露出笑容。

（2）客户由索然无味、毫无反应变得饶有兴趣。

（3）客户由低着头或看别的东西，心不在焉，变成抬起头来，表情专注。

▶ 客户成交方法

俗话说"商城如战场"，战场上需要将领排兵布阵。在银行营销的过程中，客户经理也要讲究方法策略，才更容易成交。下面列举的五种成交方法，客户经理要学会灵活运用。

1. Yes逼近法

这种成交方法就是用一连串客户只能回答"是"的问题，让他无法拒绝，从而促成客户购买的决心。

客户经理："您说理财产品的期限短一点，最好别超过90天就会买，是吗？"

客户："是的。"

客户经理："您说产品收益达到4.5%以上时，您会考虑？"

客户："是的。"

客户经理："您说这款理财产品最好是5万元起的比较好？"

客户："是的。"

客户经理："最近我行新发行了一款理财产品，正好能满足您的这些需求。如果没什么疑问，我帮您办理一下。"

2. 时过境迁法

这种方法就是提示客户如果不抓好时机，就会失去良好的机会和利益。

客户经理："金总，这200万元的贷款，我建议您5月份赶快贷到账上，您的受托支付我们已经给您办好了，现在国家对金融宏观调控越来越严格，您再不到账，6月份就不一定有资金了。"

3. 优惠诱导法

这种方法就是将同等产品以低于其他银行的价格销售，或是同等价格的产品用优于别人的服务来吸引客户的注意。

4. 假设成交法

这种方法是指当客户经理发现客户购买的时机已经成熟时，不必直接问客户买不买，而是询问一些假设当客户已经决定购买之后，所需要考虑的一些购买细节问题。

客户经理："您投资基金定投的话，是月初扣款方便，还是月中或月末扣款方便呢？"

5. 条件成交法

这种方法是如果客户经理对客户要求的条件给予满意的答复，就能促使客户做出购买决定。

客户经理："您是不是希望信用卡的额度高一些，最好能达到10万元以上，就愿意办理了？"

客户："是的，1万元的额度对我也没有用。"

客户经理："好，那我去请示一下行长，看像您这样的高端客户能不能申请一张额度高点的信用卡。"

💡 小贴士

为了赢得客户的好感，客户经理可以适当地赞美客户，但赞美要适度，不能太过，否则容易让人产生防御心理。同时，赞美要因人而异，男女有别。

客户关系维护，实现客户价值最大化

在实际工作中，重开发、轻维护，贷前紧、贷后松等现象时有发生，这是银行营销过程中经常出现的问题。客户经理是维护和管理客户的具体实施人，因此一旦客户与银行达成业务合作协议，双方的合作关系便建立了起来，这种关系必须要不断地培养和维护。

什么是客户关系维护呢？它是指银行客户经理为了保持与目标客户建立的良好合作关系，通过采取各种措施对目标客户进行全程跟踪与维护，以便在双方合作的基础上获得最大利益。

▶客户关系维护的三个意义

客户关系维护的意义主要有以下三点。

1. 客户关系维护是银行"以客户为中心"经营理念要求的需要

现在的竞争市场已经从最初的产品和价格竞争向服务竞争转变，银行要以客户为中心，真正站在客户的角度审视产品和服务的优劣，树立品牌意识，以一流的服务建立忠诚客户群。

2. 客户关系维护是培养忠诚客户群，提高银行经济效益的需要

加强客户关系维护工作，可以使银行不断地改进服务，提高管理水平，进而不断地培养忠诚客户群。银行要想生存和发展，就必须高瞻远瞩，只有拥有忠实的客户群，才能拥有盈利基础。

3. 良好的客户关系维护与服务，有助于树立优良的银行形象

如果客户对银行的服务满意，对产品认同，就会乐意推荐新客户并为银行进行宣传；反之，如果客户对服务和产品不满意，那负面影响是难以估量的。

▶客户关系维护的三方面

客户关系维护主要包括账户关系维护、契约关系维护和情感关系维护三方面。

1. 账户关系维护

账户关系维护是银行最基本的关系维护，也是银行最基础的维护工作。一个客户在银行从开户到销户或恢复开户的轨迹，通常反映了银行与客户之间的关系从建立到终止或再建立的过程。

通过账户的运行情况，不仅可以看出银行与客户之间是何种契约关系，还可以看出这二者之间关系的紧密程度与合作领域的幅度。作为客户经理，必须加强账户维护，以巩固和提升双方的关系。

2. 契约关系维护

银行和客户之间的契约关系，通常是经当事双方充分协商、达成一致后，形成书面记录，经双方签字、盖章后形成的。一旦这种书面契约形成，就会受到法律保护，任何一方不履行就会承担法律责任和违约责任。为了避免其中一方口头承诺却不履行，或因人事变动使合作受到影响，签订契约虽重要，但完善契约更重要。

3. 情感关系维护

情感关系维护是指客户经理在客户关系维护过程中注重银行、客户经理与客户之间的感情交流，在彼此亲近、认可、相互帮助的基础上，建立与客户之间的和谐、稳固关系。

▶客户关系维护的四种方法

银行客户关系维护的方法和技巧有很多，不同的银行客户经理针对不同类型的客户，在不同阶段所采取的方法和技巧也各不相同，但总结起来，主要有以下四种维护方法。

1. 上门维护

上门维护是客户经理维护日常客户关系实践中最常见、运用最广泛的方法。比如，可以上门取单、送单，提供咨询服务，推销银行金融产品和服务，收集和反馈各种信息等。

2. 差别维护

差别维护是指客户经理针对产品与服务的性质和内容、客户类型等确定维护重点。

3. 知识维护

在营销关系中，最高层次应是将产品与客户在知识结构上建立稳固的关系，使客户成为长期忠实的消费者。因此，向客户普及金融知识、增强金融意识是银行培育客户群、刺激客户金融需求的重要保证。

4. 交叉销售维护

调查结果显示，客户在一家银行中得到的服务越多，转向其他竞争对手银行的可能性就越小。对于已和银行有过业务往来的客户，客户经理可以通过已有的交易，找到能满足类似或相关需求的其他金融产品，对客户进行交叉销售；也可针对与客户交流中发现的其他需求，找出更多相关产品对客户进行交叉销售。

> ☀ **小贴士**
>
> 客户维护的内容包括关系维护和产品（服务）跟进维护。其中，关系维护包括客户关系维护和银行债权关系维护两个方面。而产品（服务）跟进维护包括对客户履行产品（服务）的承诺、推介新的金融产品（服务）和提供超值服务三个方面。

营销扩展知识：银行客户满意度管理

提高客户满意度是现代银行经营的重要目标之一。银行对客户满意度进行监测的目的就是获得客户不满意的信息，从中寻找提高金融产品或服务的机会，以达到让客户持续满意的目标。

▶ 客户满意和客户满意度管理

客户满意度是一种感觉状态，来源于客户对所购产品和服务可感知的绩效与客户的期望所进行的比较。对于银行来说，客户满意度实际上是在金融产品同质化趋势下创造差异性的一种重要方式。

对于新的金融产品，竞争对手可能在短时间内就能模仿出来，但这并不能说明竞争对手就会获得市场和利润。因为从本质上说，金融产品就是一项服务，而服务质量的好坏在很大程度上取决于客户的满意程度。所以我们说，客户的满意度是银行改进服务质量、提高服务水平的重要依据。

银行客户满意度管理是对客户满意情况进行度量和考核的一种管理方法。其核心是推动管理重心的转移，将管理重心转移到以客户为关注焦点，及时、系统地测量客户体验、客户需求、客户满意度和忠诚度，并通过持续改进以实现优化客户结构、提升管理绩效、提高客户满意度和忠诚度的管理机制。

▶ **客户满意度评价**

目前，国内在进行客户满意度研究时，由于研究的目的和立足点不同，研究者先后提出了很多测评客户满意度的模型并用于实践。以下四种模型是最具有代表性的。

1. 四分图模型

四分图模型又称重要因素推导模型，是一种偏于定性研究的诊断模型。它列出金融产品和服务的所有绩效指标，每个绩效指标有重要度和满意度两个属性。根据客户对该绩效指标的重要程度及满意度打分，将影响客户满意度的各个因素归进A、B、C、D四个象限中（A，优势区；B，改进区；C，机会区；D，维持区），并按归类结果分对其别进行处理。

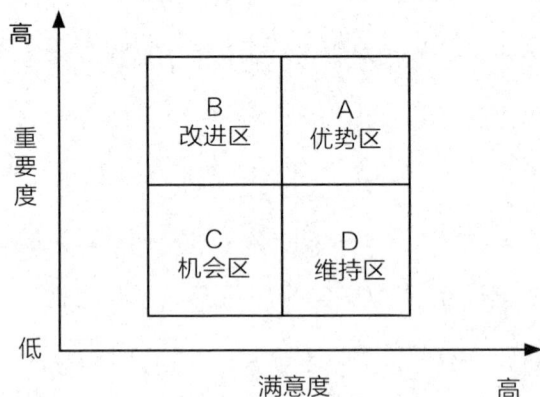

2. KANO模型

KANO模型是由日本狩野纪昭（Noriaki kano）教授提出的。这个模型定义了三个层次的客户需求，即基本型需求、期望型需求和兴奋型需求。这三种需求若根据绩效分类，就是基本因素、绩效因素和激励因素。

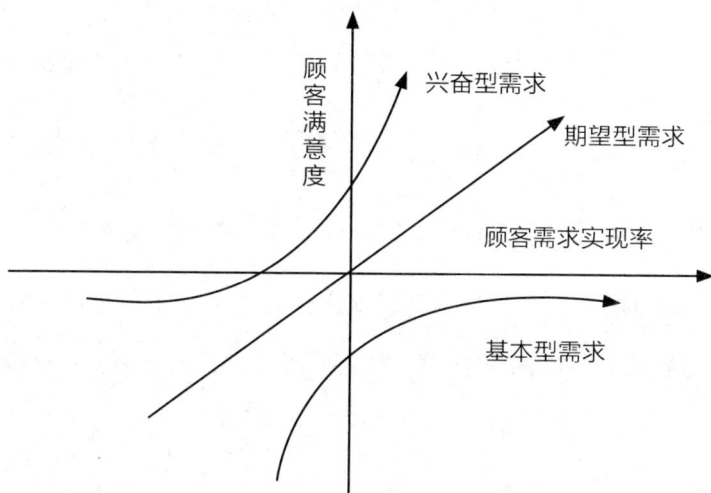

3. 层次分析法模型

层次分析法模型简单灵活，可操作性强，适用范围广泛。它比四分图模型更能定量描述具体指标的满意度和总体满意度，各指标的重要程度由专家打分的判别矩阵计算得出，避免了各指标都重要或都不重要的局限。但其缺点是仅在银行层面上运作有效，无法进行宏观层面上的比较。

4. 客户满意度指数模型

客户满意度指数模型是由国家整体满意度指数、部门满意度指数、行业满意度指数和企业满意度指数四个层次构成，是目前体系最完整、应用效果最好的一个客户满意度指数模型。

▶ 提高客户满意度的措施

实现客户满意是客户关系维护的重要环节，是银行获得持久性竞争优势的一个基点。因此，客户经理要想提高客户满意度，以下的三点措施要认真学习一下。

1. 以客户为中心，创新观念，完整地体现客户满意理念

"以客户为中心"，对客户满意度高度关注，是服务客户最基本的动力和出发点。同时，还可以引导决策，联结银行各部门共同为客户满意的目标奋斗。另外，还应建立客户满意内部控制机制，把客户满意度作为银行经营活动的重要内容。

2. 加快金融产品创新，满足个性化需求

银行要加强与客户之间的联系，全面了解客户现在和潜在的需求，研究他们的消费传统、习惯、偏好和新动向，敏锐感知市场变化，从而加快金融产品和服务的创新，提供令客户满意的金融产品和个性化服务。

3. 重视银行员工的服务理念，形成有效的激励机制

银行员工是直接和客户接触并帮助客户办理业务的人员。通常，员工的服务态度和精神状态会直接影响客户的满意度。因此，要想提升客户的满意度，首先要提升内部员工的服务理念。同时，建立有效的激励机制，比如，通过与绩效挂钩的奖酬来激发员工的积极性等。

第七章

把控风险防范，有效避免呆坏账的发生

客户经理不仅要把产品推销给客户，还要对其中的风险进行把握和管理，以有效避免银行呆坏账的发生。如何对银行客户风险进行管理，怎样对客户进行风险承受能力评估，贷前哪些环节是关键等内容在本章中都会讲到。

了解银行面临的风险种类

当人们手里有闲置现金时，就会想到把它存到银行里，因为担心现金放在家里或身上很不安全。其实，银行也不是绝对安全的"保险箱"，它同样也面临着很多风险。

通常，银行主要面临以下五类风险。

1．信用风险

信用风险就是银行无法按期收回贷款本息的风险，这是商业银行最主要的风险。发放贷款是商业银行最传统、最主要的业务，但贷款有可能由于种种原因收不回来。具体来说，信用风险有以下三种。

（1）本金风险。是指银行对某一客户的追索权不能得到落实的可能性。比如，呆账贷款，最终将表现为本金风险。

（2）潜在替代风险。即由于市场价格波动，交易对手自交易日至交收日期间违约而导致损失的风险，其大小根据市场走势向原先预计的相反方向发展时可能造成的最大损失来计算。

（3）第三者保证风险。如果债务人因违约不能偿还债务，而担保方或承诺方又不能代债务人偿还债务，就出现了第三者担保风险。

2. 市场风险

市场风险是指由于利率、汇率、证券价格及其他资产和商品价格的波动给银行带来损失的风险。因此，市场风险又包括利率风险、汇率风险和价格风险等。

（1）利率风险是指市场利率水平变化对银行的市场价值产生影响的风险。存款和贷款的利差是商业银行收入的主要来源，利率的波动自然会造成收入的波动。

（2）汇率风险是指银行在进行国际业务中，其持有的外汇资产或负债因汇率波动而造成价值增减的不确定性。对于有些银行，尤其是那些开办跨国业务的银行，汇率波动也会给它们的外币资产带来贬值的风险。

（3）价格风险是指一些实物资产的价格波动也会给银行带来风险。比如，用作贷款抵押物的房屋的价格跌了，也会间接给银行带来损失。

3. 操作风险

操作风险是指由不完善或有问题的内部程序、人员及系统或外部事件造成损失的风险。比如，由于银行内部控制不够严密，某个职员可能会违反规定错误操作或者干脆携款潜逃，从而给银行带来巨大的损失。

操作风险受到银行业界的高度重视，主要是因为银行机构越来越庞大，它们的产品越来越多样化、复杂化，银行业务对以计算机为代表的IT技术的高度依赖，还有金融业和金融市场的全球化的趋势，使得一些操作上的失误可能带来很大的，甚至是极其严重的后果。

4. 法律风险

法律风险是一种特殊类型的操作风险，它包括但不限于因监管措施和解决民商事争议而支付的罚款、罚金或者惩罚性赔偿所导致的风险敞口。

法律风险的表现形式有以下四种。

（1）金融合约不能受到法律应予的保护而无法履行或金融合约条款不周密。

（2）法律法规跟不上金融创新的步伐，使创新金融交易的合法性难以保证，交易一方或双方可能因找不到相应的法律保护而遭受损失。

（3）形形色色的各种犯罪及不道德行为对金融资产的安全构成威胁。

（4）经济主体在金融活动中如果违反法律法规，将会受到法律的制裁。

5. 国别风险

国别风险是指由于某一国家或地区的经济、政治、社会文化及事件，导致该国家或地区的借款人或债务人没有能力或者拒绝偿付商业银行债务，或使商业银行在该国家或地区的商业存在遭受损失，或使商业银行遭受其他损失的风险。

国别风险主要包括以下五类。

（1）转移风险，指借款人或债务人由于本国外汇储备不足或外汇管制等原因，无法获得所需外汇偿还其境外债务的风险。

（2）主权风险。指外国政府没有能力或者拒绝偿付其直接或间接外币债务的可能性。

（3）传染风险。指某一国家的不利状况导致该地区其他国家评级下降或信贷紧缩的风险，尽管这些国家并未发生这些不利状况，自身信用状况也未出现恶化。

（4）货币风险。指由于汇率的不利变动或货币贬值，导致债务人持有的本国货币或现金流不足以支付其外币债务的风险。

（5）宏观经济风险。指债务人因本国政府采取保持本国货币币值的措施而承受高利率的风险。

> 💡 **小贴士**
>
> 　　因为银行面临的风险有很多，所以客户经理必须加强对风险的防范和控制，这样做既保护银行和自身的利益，也保护存款人的利益。

加强对银行客户风险的管理

银行具有较高的风险，并且所面临的风险中有相当大一部分来自客户。银行要想获得来自客户的收益，就必须承担一定的风险，但风险并不是无法预测、无法避免的，它可以被转移、被化解和被缩小。为了保证银行安全稳健的经营，客户经理应联合其他各部门加强对客户风险的管理。

▶ 客户风险的定义

风险实质上是一种遭受损失的可能性。客户风险就是从客户角度来考察银行可能面临的产品风险和经营风险，它只不过是以客户自身风险这一形式表现出来的。对客户经理来说，如果不能从客户那里获得收益或收益较小，就算是面临着客户风险。

▶ 客户风险管理流程

银行客户风险管理流程包括风险识别、风险计量、风险监测和风险控制四个关键步骤。

1．风险识别

在这个步骤中，客户经理要对客户的经营环境、经营业务有充分的了解，这要求客户经理具备丰富的经济知识与实践经验、完备的信息处理能力和深刻敏锐的洞察力与预见力。

风险识别包括感知风险和分析风险两个环节。感知风险是通过系统化的方法发现银行面临的客户风险的种类和性质；分析风险是深入了解各种客户风险内在的风险因素。

2．风险计量

风险计量有定性描述和定量计算两种形式。准确的风险计量结果是建立在好的风险模型的基础上的，而开发一系列准确的、能够在未来一定时间限度内满足银行风险管理需要的风险模型很有必要。

3．风险监测

客户风险监测包括两方面的内容：一是监测各种可量化的客户关键风险指标，以及不可量化的风险因素的变化和发展趋势，确保客户风险在进一步恶化之前提交给相关部门，以便相关人员密切关注并采取恰当的控制措施；二是报告客户风险的定性、定量评估结果，并随时关注采取风险管理、控制措施后的实施效果。

4．风险控制

风险控制是对经过识别和计量的风险采取分散、对冲、转嫁、规避和补偿等措施，进行有效管理和控制的过程。

▶客户风险管理策略

银行客户风险管理策略主要有风险分散、风险转嫁、风险规避、风险对冲和风险补偿五种。

1. 风险分散

当风险难以规避时，银行就会采取风险分散的策略。风险分散机制包括风险分散的内部控制和外部控制两部分。

（1）风险分散的内部控制，指通过调整、优化各种资产的内在结构，将某些资产的风险分摊到另一些资产上去，并通过合理搭配，使全部资产损失率与银行自身的风险承受能力相适应，从整体上降低全部资产风险损失率的一种风险管理制度。

（2）风险分散的外部控制，指通过银行同业之间的合作，使贷款在银行之间进行合理组合，以降低风险损失的一种风险管理制度。

2. 风险转嫁

风险转嫁是指银行利用合法的交易方式和若干经济手段，将自身承担的风险转移给他人或机构去承担。

风险转嫁主要有四种方式。

（1）通过抵押贷款方式，将风险转嫁给借款人。

（2）通过保证贷款方式，将风险转嫁给保证人。

（3）通过贷款证券化方式，将风险转嫁给证券投资者。

（4）通过金融市场交易，将风险转嫁给对手。

3. 风险规避

风险规避是考虑到风险损失的可能性较大时，银行采取主动拒绝与该客户的业务往来，以避免承担该客户具有的风险的一种策略。

4. 风险对冲

风险对冲是指通过投资或购买与标的资产收益波动负相关的某种资产或衍生产品，来冲销标的资产潜在的风险损失的一种风险管理策略。

5. 风险补偿

风险补偿主要是指事前（损失发生以前）对风险承担的价格补偿。对于那些无法通过风险分散、风险对冲或风险转移进行管理，而且又无法规避的风险，银行可以通过提高风险回报的方式，即在交易价格上附加风险溢价，获得承担风险的价格补偿。

> **小贴士**
>
> 从银行的角度看，客户风险的特征主要有五个：客户风险的偶然性、客户风险的破坏性、客户风险的连带性、客户风险的周期性和客户风险的可控性等。

对客户进行风险承受能力评估

风险承受能力是指一个人有多大能力承担风险，也就是你能承受多大的投资损失而不至于影响你的正常生活。当客户首次购买理财产品时，客户经理应对客户进行风险承受能力评估。风险承受能力评估的依据应当包括客户年龄、财务状况、投资经验、投资目的、收益预期、风险偏好、流动性要求、风险认识及风险损失承受程度等。

根据客户风险偏好和风险承受能力，银行将客户的风险承受能力从低到高分为保守型、谨慎型、稳健型、激进型和积极型五级。

投资者风险测评等级	金融产品风险类型				
	A 低风险 （R1）	B 中等偏 低风险 （R2）	C 中风险 （R3）	D 中等偏 高风险 （R4）	E 高风险 （R5）
保守型（C1）	√				
谨慎型（C2）	√	√			
稳健型（C3）	√	√	√		

（续表）

投资者风险测评等级	金融产品风险类型				
	A 低风险 （R1）	B 中等偏 低风险 （R2）	C 中风险 （R3）	D 中等偏 高风险 （R4）	E 高风险 （R5）
激进型（C4）	√	√	√	√	
积极型（C5）	√	√	√	√	√
专业投资者	√	√	√	√	√

快速、准确地测定客户的风险承受能力是理财方案能否得到客户认可的一个关键。准确地评估客户的风险承受能力是一项非常复杂的工作，一般采用定性分析和定量分析相结合的办法。

1. 定性分析

定性分析指的是通过与客户面对面地交谈来基本判断客户的风险属性。定性分析主要是通过对客户的年龄、工作状况、受教育程度、性别、家庭状况、财富等方面进行分析，从而大致确定客户的风险承受能力。

通常，客户年龄越大，风险承受能力越弱；工作越稳定，收入越高，风险承受能力就越强；受教育程度越高，风险承受能力越强；男性的风险承受能力高于女性；未婚的风险承受能力高于已婚；客户财富越多，风险承受能力越强。

2. 定量分析

定量分析指的是通过设计风险承受能力问卷调查表来进行分析。客户经理在设计问卷调查表时应注意三个原则：第一，问卷调查表要尽量避免专业词汇，多使用通俗易懂的语言；第二，问卷调查表的问题，在逻辑上要前后保持一致；第三，问卷调查表中不能有影响客户独立判断的信息。

最后，有关客户风险承受能力的评估，客户经理还应注意以下三点内容。

（1）银行完成客户风险承受能力评估后，应当将风险承受能力评估结果告知客户，由客户签名确认后留存。在客户风险承受能力评估书中要明确提示：如果客户发生可能影响其自身风险承受能力的情形，再次购买理财产品时应当主动要求银行对其进行风险承受能力评估。

（2）超过一年未进行风险承受能力评估或发生可能影响自身风险承受能力情况的客户，再次购买理财产品时，应当在银行网点或网上银行完成风险承受能力评估，评估结果应当由客户签名确认；未进行评估时，商业银行不得再次向其销售理财产品。

（3）应当建立客户风险承受能力评估信息管理系统，用于测评、记录和留存客户风险承受能力评估内容和结果。

> **💡 小贴士**
>
> 客户经理在推荐银行理财产品时，要把信息实事求是地完全披露给客户，这不仅是为了保护客户的合法权益，也是为了防止客户经理误导销售和错误销售。向客户披露信息需要四个标准，分别是真实性、完整性、准确性和及时性。

银行信贷全流程风险管理

商业银行是经营风险的企业。商业银行核心竞争力的高低，不仅体现在对优质资产业务的营销效率上，更反映在对信贷风险的把控和控制上。

信贷风险，是指借款企业因各种原因不能按时归还信贷本息而使银行资金遭受损失的可能性。银行信贷具有风险较高、收益突出的特点，对整个银行的经营起着举足轻重的作用。

▶信贷风险的特征

一般来说，银行信贷风险具有以下四方面的特征。

1. 客观性

无风险的信贷活动在现实的银行业务工作中根本不存在。也就是说，只要有信贷活动存在，信贷风险就不以人的意志为转移而客观存在。

2. 扩散性

如果有信贷风险，那么其造成的银行资金的损失不仅影响银行自身的生存与发展，还会引起关联的链式反应。

3. 隐蔽性

信贷本身的不确定性损失很可能因信用特点而一直被其表象掩盖。

4. 可控性

信贷可控性是指银行通过一定的方法、制度，可以对风险进行贷前识别与预测，贷中防范，贷后化解。

▶信贷全流程风险管理

信贷管理是一个环环相扣的全流程管理过程，任何一个贷款环节出现问题都会引发风险。在当前我国信用环境复杂的背景下，更需要进一步强化贷款业务的全流程管理。

1. 信贷全流程风险管理的定义

信贷全流程风险管理，是指商业银行完善内部控制机制，全面了解客户信息，建立贷款风险管理制度和有效的岗位制衡机制，将贷款经营过程分解为若干个重要环节，科学设定各环节的管理内容、管理标准和管理要求，按照有效制衡的原则，把各环节的管理职责落实到具体的部门和岗位，并建立各岗位的考核和问责机制，通过对各节点的精细化管理来实现控制信贷风险的目的。

银监会颁布的信贷"三个办法一个指引"，初步构建和完善了我国商业银行的贷款业务法规框架，并将其作为我国银行业贷款风险监管的长期制度。

"三个办法一个指引"是指：《固定资产贷款管理暂行办法》《流动资金贷款管

理暂行办法》《个人贷款管理暂行办法》和《项目融资业务指引》。

2. 信贷全流程风险管理的原则

信贷"三个办法一个指引"中提出了信贷全流程管理的七个原则，其具体内容如下。

（1）全流程管理原则。

它强调的是将有效的贷款风险管理行为贯穿到贷款生命周期中的每一个环节中。

（2）诚信申贷原则。

诚信申贷的实质包含两点内容：一是借款人恪守诚实守信原则，按照贷款人要求的具体方式和内容提供贷款申请材料，并且承诺所提供材料是真实、完整和有效的；二是借款人应证明其设立合法、经营管理合规合法、信用记录良好、贷款用途明确合法及还款来源明确且合法等。

（3）协议承诺原则。

协议承诺要求银行作为贷款人，应与借款人乃至其他相关各方通过签订完备的借款合同等协议文件，规范各方的有关行为，明确各方的权利和义务，调整各方的法律关系，追究各种法律责任。

（4）贷放分控原则。

贷放分控是指银行将贷款审批与贷款发放作为两个独立的业务环节，分别管理和控制，以达到降低信贷业务操作风险的目的。它的根本特点是审批通过不等于放款。

（5）实贷实付原则。

此原则的关键是让借款人按照借款合同的约定用途，减少贷款挪用的风险。

（6）贷后管理原则。

有效的贷后管理工作是商业银行建立长效发展机制的基石，有助于银行提高风险管理水平，防患于未然，提高信贷资产质量。

（7）罚则约束原则。

罚则约束原则是指监管部门对银行执行贷款"三个办法一个指引"的行为进行严格监管。对明显违反规定的银行，监管部门将利用市场准入、现场检查、非现场监管等"监管措施"和"行政处罚"手段约束银行和借款人等交易主体的行为，以保障贷款法规的执行力。

💡 **小贴士**

信贷全流程风险管理的技巧有七个：一是择优选择信贷客户；二是交叉检验；三是不与客户发生利益关系；四是注重细节；五是具备信贷独立精神，不盲从；六是具备行业分析和选择能力；七是坚持贷款双重担保，严控第三方担保等。

贷款"三查"，及时发现风险隐患

贷款"三查"是全程监控风险的重要环节和手段，是防范信贷风险的重要环节。要使"三查"制度落实到位，贷前调查是基础，贷时审查是关键，贷后检查是保证。

1. 贷前调查

贷前调查，是指贷款发放前，银行对贷款申请人基本情况的调查，并对其是否符合贷款条件和可发放的贷款额度做出初步判断。

贷前调查主要分为个人贷款调查与企事业单位贷款调查两种。企事业单位贷款的贷前调查较为复杂，因此，下面着重介绍这类客户的贷前调查，其具体可以从以下四个方面入手。

（1）了解贷款人的实际经营情况。

客户经理可以从客户的实际经营情况看出贷款人的实际偿还能力。

（2）了解客户所在行业的情况。

客户经理要了解客户所在行业是否属于国家已经限制的行业，如高消耗类行业。

（3）了解客户公司与其相邻公司或其下属公司的关系。如果下属公司发展良好，客户经理可以向银行申请放款，以促使其有更好的发展，从而增加公司和银行双方的收益。

（4）综合各种信息，对贷款人进行风险评估。客户经理需要调查贷款人的信用情况，从其他人那里了解更多贷款人的信息，把借贷风险降到最低。

2. 贷时审查

贷时审查是指审查人员对调查人员提供的资料进行核实、评定，复测贷款风险度，提出审核意见，按规定履行审批手续。

贷时审查的基本内容主要包括以下八个方面。

（1）审批前提是否成立。

（2）信贷审批要求、法律意见是否落实。

（3）各项信贷文件、资料、手续是否齐全。

（4）有关业务合同协议是否全面、正确签订，是否合法有效。

（5）各资料、文件或合同之间的逻辑关系是否一致、正确，表面是否真实。

（6）业务背景是否真实、合理。

（7）信贷用途是否符合要求。

（8）信贷押品是否入账（保证金）、入库或监管（抵押物、其他质物）等。

3. 贷后检查

贷后检查是指贷款发放后，贷款人对借款人执行借款合同情况及借款人的经营情况进行追踪调查和检查。如果发现借款人未按规定用途使用贷款等造成贷款风险加大的情形，可提前收回贷款或采取相关保全措施。

客户经理在这个环节中要做好以下四方面的基本工作。

（1）强化贷后跟踪检查制度的刚性，确保贷后检查的行动、内容、质量要到位。对贷后检查工作薄弱的环节，要坚决取消其新增贷款审批权。

（2）切实做到及时、准确地反馈贷款风险生长情况的预警信息。

（3）根据贷款风险预警信息，区别各种贷款风险生长节点，及时、果断地采取与之相适宜的贷款风险处置途径和措施，以提高贷款风险处理的及时性和有效性。

（4）理顺与政府、执法部门、人民银行之间的关系，进一步提高依法化解新增贷款风险的工作效果。

另外，银行客户经理除了要知道贷款"三查"外，也要了解信贷风险的预警和处理。

所谓信贷风险预警，是指客户经理或风险经理及信贷管理人员通过一系列技术手段对银行借款人实施连续化监测，提早发现和判别风险来源、风险范围、风险程度和风险走势，发出相应的风险警示信号，银行启用快速应急防范机制来化解风险的一种贷后管理行为。

信贷风险预警的处理流程包括信号导入、信号分级、预警发布、处置反馈、跟踪督办和信号解除。

（1）信号导入。

当发现借款人存在风险隐患或问题时，应及时梳理风险信号，并录入信贷管理系统。信号导入遵循"谁录入、谁分级、谁发布"的原则。

（2）信号分级。

借款人维度的风险信号，视影响大小、性质轻重、预计损失多少，由高到低划分为红色、橙色、黄色和蓝色四个级别。

（3）预警发布。

银行通过信贷管理系统的贷后管理模块——公司客户与个人客户风险预警功能，将风险信号及处理方案发送到经营行，同时抄送相关责任单位。

（4）处置反馈。

管理行客户部门是风险信号处理的牵头部门，经营行客户部门是风险信号化解措施的落实部门。客户部门负责人在接收到风险信号后，应立即组织本部门采取措施及时处理。超过本部门处理能力的，应及时向行长汇报。

（5）跟踪督办。

跟踪督办就是安排专人对风险处理进行跟踪督办，监测考核辖属贷款机构整改工作。

（6）信号解除。

对全额收回或经整改消除风险因素的风险信号，贷款经营机构应及时反馈上报，经相关管理责任单位审核确认后，进行风险信号解除，不再对该风险信号进行跟踪。

> **小贴士**
>
> 贷前调查重点抓贷款信息资料真实性管理。客户经理应对贷款人的有关资料进行收集、整理、归纳、分析和判断，关键是要通过有效的途径和方法验证贷款人有关信息资料的真实性，以增强贷款审查决策的有效性。

银行坏账的三大类型

发放贷款是商业银行最主要的业务之一，但有时候银行的贷款会由于种种原因收不回来，而一旦形成坏账，商业银行就只能用资本金或者累积的盈余来弥补。

当坏账规模过大，导致商业银行的资本耗尽、资不抵债时，商业银行就只能破产倒闭。比如，1982年，意大利最大的私人银行阿姆伯西诺银行，因无法收回在拉丁美洲的14亿美元贷款，致使银行资本严重亏空，最终这家拥有60亿美元存款的银行只能破产倒闭。

作为银行客户经理，应该基本熟悉坏账的三大类型，以便在办理业务时能更好地维护自己和银行的利益。这种分类主要是以贷款是否超过合同期限及超过时间长短为依据，分类方法的基础是贷款期限管理。下面将对银行坏账的三大类型进行详细的讲解。

逾期贷款　呆滞贷款

坏账

呆账贷款

1. 逾期贷款

逾期贷款也称超期贷款或过期贷款，指贷款项目在合同规定的还款期限内，尚未还清的贷款部分。

2017年，王某与银行签订了购房抵押贷款合同，约定由银行向王某如期发放贷款100万元，并以王某在上海所购的某处房产作为抵押。作为中介的某房屋中介公司与银行签订了合作开展二手楼宇抵押贷款业务协议书，约定由该房屋中介公司介绍的客户出现连续3期不能还款的情况时，要由房屋中介公司承担房屋回购责任。

银行按约定如期发放了贷款后，由于王某的资金出现了问题，连续3期没有供款。结果，银行向法院提起诉讼，要求：一是与王某解除购房抵押贷款合同，二是提前收回贷款，三是确认房屋中介公司对抵押的房产享有优先受偿权，并由房屋中介公司承担回购责任。

但是，最终法院仅支持了银行的前两项诉讼请求，却驳回了第三项。法院判定的理由是：回购责任的承担涉及购物所有权的转移，因此，银行与房屋中介公司必须征得所有权人的同意后，这项回购保证才能成立。

银行在与房屋中介公司签订回购责任的约定前，并未征得房产所有权人王某的同意，因此，银行与房屋中介公司之间的有关回购责任的约定无效。

另外，客户经理也应知道，《中华人民共和国合同法》规定："借款人未按照约定的期限返还借款的，应当按照约定或者国家有关规定支付逾期利息。"

2. 呆账贷款

呆账贷款指逾期（含展期）3年以上（含3年）作为催收贷款管理，按规定条件确认为呆账损失，尚未批准、准备核销的贷款。

呆账贷款是指下列情况的贷款：

（1）借款人和担保人被依法宣告破产，进行清偿后，未能还清的贷款。

（2）借款人死亡或者依照《中华人民共和国民法通则》的规定，宣告失踪或死亡，以其财产或遗产清偿后，未能还清的贷款。

（3）借款人遭到重大自然灾害或意外事故，损失巨大且不能获得补偿，确实无力偿还的部分或全部贷款，或者以保险清偿后，未能还清的贷款。

（4）贷款人依法处置贷款抵押物、质押物所得价款不足以补偿抵押、质押贷款的部分。

（5）贷款本金逾期两年，贷款人向法院申请诉讼，经法院裁判后仍不能收回的贷款。

（6）对不符合前款规定的条件，但经有关部门认定，借款人或担保人事实上已经破产、被撤销、解散在三年以上，进行清偿后，仍未能还清的贷款。

（7）借款人触犯刑律，依法受到制裁，处理的财产不足以归还所欠贷款，又无另外债务承担者，确认无法收回的贷款。

（8）其他经国家税务总局批准核销的贷款。

3. 呆滞贷款

呆滞贷款是指逾期（含展期后到期）超过规定年限以上仍未归还的贷款，或虽未逾期或逾期不满规定年限但生产经营已终止、项目已停建的贷款（不含呆账贷款）。

某银行开户企业A轻工业进出口公司，长期向该银行提供虚假报表，而该银行的信贷人员未能认真履行职责开展贷前调查，导致这一问题长期未被发现，调查人员仅仅依据企业假财务报表做形式上的贷前调查分析，从而得出了错误的判断和结论，误导了贷款投向。

后来在某一段时间内，银行陆续为该企业（当时信用等级为A级）新增贷款2笔，共发贷款500万。贷款3个月后，企业开始欠息，贷款到期后形成了呆滞。

上述案例中，银行在做信用贷款时存在严重的问题，致使两笔贷款不能按时收息，给银行和国家造成了一定的损失。作为客户经理，要严守信贷关，发现问题要及时向银行申明情况，以免出现不良贷款。

💡 小贴士

根据贷款风险分类法，可将贷款分为正常、关注、次级、可疑和损失五类，后三类合称为不良贷款。这种分类法是以借款人的还款能力为主要依据进行分类的。借款人的还款能力是一个综合概念，包括借款人的现金流量、财务状况和影响还款能力的非财务因素等。

处理银行坏账的四大方式

客户经理要了解处理银行坏账的常见办法，如处理抵押物、找担保人偿还、以借新还旧的方式和通过金融资产管理公司接收银行不良资产等。

1. 处理抵押物

处理抵押物是银行处理坏账最常见的做法。比如，你在银行抵押一套价值200万的房子办理贷款，银行只给你提供150万元的贷款，一旦在还款日你不能还清欠款，银行就会处理借款人抵押在银行的房产。

客户经理要清楚哪些物品可以作为抵押物，哪些物品不可以作为抵押物。

（1）法律规定可以抵押的财产。

《中华人民共和国担保法》第三十四条和《中华人民共和国物权法》第一百八十条采用列举方法规定了可以抵押的财产。

依据《中华人民共和国物权法》第一百八十条的规定，抵押人有权处分的下列财产可以抵押：

• 建筑物和其他土地附着物。

• 建设用地使用权。

- 以招标、拍卖、公开协商等方式取得的荒地等土地承包经营权。

- 生产设备、原材料、半成品、产品。

- 正在建造的建筑物、船舶、航空器。

- 交通运输工具。

- 法律、行政法规未禁止抵押的其他财产。

以限制流通的财产设定抵押权，抵押合同的效力不受影响。但是，在实现债权时，抵押物的位置应当遵守限制流通物的相关规定。

（2）法律规定不得抵押的财产。

《中华人民共和国担保法》第三十七条和《中华人民共和国物权法》第一百八十四条同样采用列举方法规定了不得抵押的财产。

依据《中华人民共和国物权法》第一百八十四条的规定，下列财产不得抵押。

- 土地所有权。

- 耕地、宅基地、自留地、自留山等集体所有的土地所有权，但法律规定可以抵押的除外。

- 学校、幼儿园、医院等以公益为目的的事业单位、社会团体的教育设施、医疗卫生设施和其他社会公益设施。

- 所有权、使用权不明或者有争议的财产。

- 依法被查封、扣押、监管的财产。

- 法律、行政法规规定不得抵押的其他财产。

注意，《中华人民共和国物权法》第一百八十三条、《中华人民共和国担保法》第三十六条第三款中规定，乡（镇）、村企业的土地使用权属集体所有，不得单独设定抵押权，但若以乡（镇）、村企业的厂房等建筑物抵押的，其占用范围内的土地使用权同时抵押，此时集体所有土地使用权抵押并非无效。

2. 找担保人偿还

找担保人偿还也是银行处理坏账最常见的做法。如果贷款人的抵押物仍不能还清贷款，银行就可以向担保人发起通知，要求担保人偿还债务。这里的担保人包括具有代为清偿债务能力的法人、其他组织或者公民。

这里，客户经理需要了解连带责任担保比一般担保对银行更有利。那么，这两种保证方式有什么区别呢？

（1）一般保证。

当事人在保证合同中约定，债务人不能履行债务时，由保证人承担保证责任的，为一般保证。

一般保证的保证人在主合同纠纷未经审判或者仲裁，并就债务人财产依法强制执行仍不能履行债务前，对债权人可以拒绝承担保证责任。

（2）连带责任保证。

当事人在保证合同中约定保证人与债务人对债务承担连带责任的，为连带责任保证。

连带责任保证的债务人在主合同规定的债务履行期届满没有履行债务的，债权人可以要求债务人履行债务，也可以要求保证人在其保证范围内承担保证责任。

当事人对保证方式没有约定或者约定不明确的，按照连带责任保证承担保证责任。

3. 以借新还旧的方式

如果一个企业逾期没有办法及时还款，但是还有一定的发展空间，银行可以先向企业提供一部分流动资金，支持企业的正常运转，以借新还旧的方式一点儿一点儿地回收资金。从本质上讲，借新还旧是对原借款合同中贷款期限、利率等条款的变更，其实质内容是对借款期限法律契约上的延长。

当然，这样的企业是很脆弱的，如果银行要求一次性还款的话，企业可能就会破产，所有的贷款就都收不回来。因此，银行在处理这部分企业的贷款时，应注意循序渐进地进行。

4. 通过金融资产管理公司接收银行不良资产

如果银行不能通过上述方式处理一些坏账，就会通过金融资产管理公司来接收。我国于1999年成立了4家资产管理公司：中国华融资产管理公司、中国长城资产管理公司、中国东方资产管理公司和中国信达资产管理公司。这些资产管理公司能够使用市场化的手段处置银行中的不良资产，它们的处理方式通常包括债转股、资产证券化、资产重组和打包销售等。

> **小贴士**
>
> 债权人是指银行等金融机构借贷人和供应商；债务人是指根据法律或合同、契约的规定，在借债关系中对债权人负有偿还义务的人。

客户经理必备技能——撰写授信调查报告

授信调查报告是银行在对客户授信之前对客户的股东情况、组织架构、关联企业、公司治理情况、财务状况、项目本身生产运营情况、贷款用途、偿还贷款能力以及贷款收益等项目进行综合考察分析后，对客户进行信用等级评定，进而提出授信额度建议的书面材料。

它的使用价值主要有三点。

一是能保证银行资金的安全性。因为授信调查报告是在综合考察客户各项指标的基础上编制而成的，其中客观而真实的信用等级和授信建议在很大程度上保证了银行贷出资金的安全性。

二是能提高银行资金的收益性。授信调查报告的考察内容之一是贷出资金的收益率，通过对客户进行横向比较后，银行把资金授信给风险小、收益高的企业。

三是简化贷款程序，提高业务效率。在授信范围内，客户向银行贷款的程序被简化，并且也提高了银行业务的工作效率。

高质量授信调查报告的撰写是客户经理必备的基本技能，它凝聚了客户经理的心血，有客户经理对客户经营情况的认识，有客户经营状况的点评。

其实，一篇优秀的授信调查报告就是一篇优秀的议论文，其论点鲜明、论据充分、论证严密，而不是简单罗列企业提供的各项数据，或陈述企业的表面情况，或进行表面分析。

1. 论点部分

论点部分直接就是结论。比如：

客户准备申请××亿元××品种××期限的授信

购进××

2. 论据部分

（1）客户的基本情况。

主要介绍客户是什么样的人，如客户的名称、注册资本、注册地点、主要业务、股东情况和行业地位等。在写这部分内容时要注意要点突出、条理清晰，尽量避免大段空泛、无意义的描述。

（2）客户的主要经营业绩。

主要分析给这样的客户融资为什么风险可控。

在写这部分内容时，应先写结论，后面再展开论述，并论证结论。比如，写"主要经营业绩"这个点时，应挑选一些重点进行议论，与本次融资相关的内容要放在第一位，一些不相关的内容简单提一下就好。最后得出结论：资金用途真实、合理，符合企业的经营范围等。

3. 论证部分

通过企业的资金使用、经营效率、风险控制等多方面内容，论证企业完全有能力还款。

最后，授信调查报告是授信后续环节的审批依据，调查内容、深度、质量和客观性直接影响审批决策。因此，授信调查报告应尽可能地将调查信息显示出来，同时还要持客观立场，如实反映问题，切不可有选择性地显示，或者将不利的信息过滤掉，以求得批准。

💡 **小贴士**

授信审批就是根据客户经理的授信调查报告及授信建议，由风险管理部门按规定进行风险审查，以确定同意授信或不同意授信，但须附加一定的条件。授信审批按授权权限进行。

营销扩展知识：一些客户经理的常见疑问解答

1. 什么是征信？征信的基本流程是怎样的？

征信是指依法收集、整理、保存、加工自然人、法人及其他组织的信用信息，并对外提供信用报告、信用评估、信用信息咨询等服务，帮助客户判断、控制信用风险，进行信用管理的活动。

征信活动可以分为两类：

一类是征信机构主动去调查被征信人的信用状况，另一类是依靠授信机构或其他机构批量报送被征信人的信用状况。这两种活动的区别在于：前者是一种个体活动，通过接受客户的委托，亲自去一线收集客户的信用状况；后者是商业银行等授信机构组织起来，将信息定期报给征信机构，从而建立信息共享机制。

2. 在担保方式中，抵押和质押的区别有哪些？

很多客户经理，尤其是缺乏经验的客户经理经常弄不清抵押和质押的区别，但这两个概念是比较重要的，因此，在这里有必要给大家解释一下。

抵押就是债务人或第三人不转移法律规定的可做抵押的财产的占有，将该财产作为债权的担保，当债务人不履行债务时，债权人有权依法就抵押物卖得价金优先受偿。

质押就是债务人或第三人将其动产移交债权人占有，将该动产作为债权的担保，当债务人不履行债务时，债权人有权依法就该动产卖得价金优先受偿。

两者的区别主要表现在以下四个方面。

（1）抵押要登记才有效，而质押则占有就可以。

（2）抵押的标的物通常为不动产、特别动产（船、车等），质押则以动产为主。

（3）抵押只有担保效力；而质押中的质权人既能支配质物，又能体现留置效力。

（4）抵押权的实现主要通过向法院申请拍卖，质押则多直接变卖。

3. 借款合同对还款期限没有约定或约定不明的情况怎么办？

如果借款合同对还款期限没有约定或约定不明，按照《中华人民共和国合同法》第二百零六条规定：

"借款人应当按照约定的期限返还借款。对借款期限没有约定或者约定不明，依照本法第六十一条的规定仍不能确定的，借款人可以随时返还；贷款人可以催告借款人在合理期限内返还。"也就是说，这种情况可以通过以下两种方式进行处理。

（1）当事人协商或依据交易习惯确定。当事人可以就还款期限进行协商，签订借款合同补充协议。如果不能达成补充协议的，则按照借款合同有关条款或交易习惯确定还款期限。

（2）当事人主张。处理这种情况，借款人可随时偿还借款，贷款银行也可随时要求借款人偿还贷款，但应向借款人发出返还借款的催告，给予借款人合理的期限。

4. 票据权利的瑕疵有哪些情况？

票据权利是指持票人向票据债务人请求支付票据金额的权利。票据权利的瑕疵主要有以下四种情况。

（1）票据伪造。

票据伪造，是指假借他人名义出票或假借他人名义在票据上签章的行为。票据伪造有两种情况：一是票据本身的伪造，也叫狭义上的票据伪造；一是票据签名的伪造，也叫广义上的票据伪造。票据本身的伪造如伪造发票人的签名或盗盖印章而进行的发票，是假冒他人名义进行的发票行为。票据签名的伪造是假借他人名义而为发票以外的票据行为。

《票据法》第十四条规定，票据上的记载事项应当真实，不得伪造、变造。伪造、变造票据上的签章和其他记载事项的，应当承担法律责任。另外，票据上有伪造、变造的签章的，不影响票据上其他真实签章的效力。

（2）票据变造。

票据变造，是指无权限而改变票据上除签章以外的其他记载事项，以影响票据责任的行为。票据变造必须具备三个条件：一是必须是无变更权的人所为的变更行为；二是必须是变更票据签章以外的其他事项；三是变更票据其他记载事项足以引起票据权利内容发生变化。

《票据法》第十四条第三款规定，票据上其他记载事项被变造的，在变造之前签章的人，对原记载事项负责；在变造之后签章的人，对变造之后的记载事项负责；不能辨别是在票据被变造之前或者之后签章的，视同在变造之前签章。

（3）票据更改。

票据更改是指享有变更权的人更改票据所记载的事项的行为。

《票据法》第九条规定，只有原记载人才有权更改票据，非原记载人变更票据则构成票据的伪造。票据上记载的事项不是任何事项都可更改的。依据该条规定，票据金额、日期、收款人名称不得更改，即使是原记载人也无权更改，更改的票据无效。

（4）票据涂销。

票据涂销是指将票据上的签名或其他记载事项加以涂抹消除的行为。

5. 借款人能否偿还债务的关键因素是什么？

一般而言，在银企借贷关系中，借款人偿债义务履行完毕的主要标志是借款人以货币资金清偿了银行借款。只有当借款人不能持续经营时，才存在以物抵贷等非正常的偿债方式。因此，借款人获取或筹集货币资金的能力，就与其现实偿债能力密切相关。

通常企业货币资金的来源主要有四种途径：营业收入、处置资产收入、借入债务和收到权益性资金投入。其中，第一项与利润表相关，后三项与资产负债表相关。

在上面四个因素中，借入债务和收到权益性资金投入都不具有可持续性。因此，借款人的收入和资产状况，才是借款人能否偿还债务的关键因素。

6. 什么是客户关系退出？

从实践经验来看，进入市场的时机相对容易把握，在退出时机的把握上却屡屡失误。因此，选择好退出时机是提高信贷管理水平，减少信贷资产损失的关键。

广义上的客户关系退出是指客户所有业务关系的退出，对于有声誉风险，存在偷税漏税、诈骗行为的客户，银行应当从全口径退出。狭义上的客户关系退出仅指客户信贷业务关系的退出，仅是经营出现下滑，偿债能力出现问题，这类客户仅从信贷退出。

第八章

"互联网 +"时代，客户经理应掌握的营销创新模式

"互联网+"时代，对传统的银行业来说，是挑战也是机遇。随着互联网的发展，"互联网+金融"给传统的银行业带来了很大的冲击。互联网作为很好的营销平台，它的营销优势是不可替代的。客户经理应该充分运用互联网这个手段，实现业绩的有效提升。

大数据营销，开启银行精准营销

在互联网、物联网和云计算的高速发展下，大数据走进了人们的视野。同时，由于互联网的普及、数据库技术的成熟、各种高性能存储设备的出现，人们日常生活和工作中产生了庞大的数据量。在这样的时代产生的大数据，成了社会各界关注的热点。

尤其是银行业，对大数据更应该关注，因为银行具有天然的数据属性。银行的工作人员每天都与大量的数据、各类报表、不同的数据系统打交道。并且随着互联网的发展，手机银行、网络银行、财富管理、信用卡平台等系统内的客户交易数据大量增加。这些数据信息是外部资讯公司接触不到的。但许多银行还仅停留在初始的数据阶段，并没有利用互联网时代产生的大数据来推动工作的进展。

在大数据时代，银行应该依靠天然的数据属性和得天独厚的数据优势，抓住时代带来的机遇，改变传统的营销模式，从而在竞争激烈的市场中逆流而上。

1. 利用大数据促进网点营销

客户经理要意识到，大数据时代给传统银行网点带来的更多是机遇，是改革的动力；传统银行网点虽然不会被淘汰，但想在这个时代逆流而上，就必须利用大数据促进网点营销。

（1）关注集群属性，推进"区域化"营销。

关注集群属性，推进"区域化"营销，主要是指以区域客户分析为研究中心，以数据信息对企业各个营销环节的有力支撑为基础，有助于提高营销的投入与产出比。

（2）利用大数据实现个性化营销。

相比其他行业来说，银行掌握的数据是非常全面的，无论是客户的情况、企业的动态，还是经济活动的进行，这些资料都完整地保留在银行内部。这一点正是银行的优势，银行网点要将大数据应用到实际营销中，将单一化的营销模式转化为以客户为中心的大数据营销模式，以便建立一套完整的、个性化的营销方案，实现销售业绩的大幅提升。

2. 利用大数据推动产品创新

进入大数据时代后，传统银行纷纷开始采取措施进行变革。从银行客户经理的角度来看，大数据赋予了银行业新的转型驱动力，提升客户体验成为现如今银行业变革的核心。那么，怎样才能提升客户的体验呢？答案就是为客户提供个性化、多样化的产品和服务。

目前，传统的银行产品比较单一，远不能满足现代客户的需求。银行必须借助大数据，分析客户的消费行为和需求，并根据这些个性化的需求来研发金融产品和服务。

3. 利用非银行数据构建金融生态圈

非银行数据是指除去银行内部的结构数据信息之外的数据。它包括外部公共数据、社交媒体数据等，这些也叫非结构数据。而非结构数据和结构数据综合起来就是大数据。

虽然一些银行会利用大数据来营销，但客户资料还是基于内部的数据，电商金融等外部的非银行数据并没有得到充分的利用，这样就不能对客户进行全面而详细的分析。

在这方面，京东金融、蚂蚁金服等电商金融，已经形成了大量客户群、贸易链、大数据征信等超越金融领域的金融生态圈。各大银行应在自身优势的基础上善于利用非银行数据进行营销，否则会被各种电商金融"将一军"。

💡 **小贴士**

对于银行业来说，大数据意味着自身的竞争力，意味着巨大的商机。银行要利用大数据来强化客户的体验，提高客户的忠诚度。客户的忠诚度是指客户因接受了产品（服务），满足了自己的需求，而对产品（服务）产生好感的量度。

"互联网 +"时代，银行营销的优势、意义及注意事项

2012年11月，易观国际董事长兼首席执行官于扬在第五届移动互联网博览会上提出了"互联网+"。他认为，未来"互联网+"公式应该是所有行业共同遵守的，在未来实体经济的产品和服务将与互联网络的多屏全网跨平台用户场景结合在一起。目前，腾讯、阿里巴巴等国内互联网巨头已经在尝试实现这一理想，并形成了一定规模的产业生态系统。

其实，"互联网+"就是互联网+各个传统行业。但这并不是简单的两者相加，而是利用信息通信技术及互联网平台，让互联网与传统行业进行深度结合，创造新的发展生态。也可以这样理解，"互联网+"是网络营销在新时代的表现形式。

目前，"互联网+"早已渗透到生活中的方方面面，"互联网+金融""互联网+医疗""互联网+零售"等已经出现，给人们带来了很多便利，也给企业带来了更广阔的市场。互联网是一个很好的营销平台，互联网营销的优势是无可替代的。银行客户经理要充分利用互联网手段，实现业绩的有效提升。

▶互联网营销的优势

具体来说，互联网营销有以下三大优势。

1. 互联网营销的成本比较低

客户经理可通过电子邮件等给客户发送信息，这些成本很低，甚至可以忽略不计，并且对客户来说接收更方便。另外，通过网络营销，银行不仅能大大降低与客户交流的费用，还可以拥有更多的机会与客户更频繁、更有针对性地交流。

2. 互联网营销是开放的

传统的银行网点营销是被动的，因为银行总是等待客户上门办理业务。而互联网营销是开放的，客户经理可以通过多种方式，如QQ、微信、微博等，主动进行营销，并与客户长期保持联系，以使客户购买银行的产品和服务。

3. 互联网营销是实时的

比如，银行有新的金融产品需要推出时，通过在网络上发送信息，客户就会立即知晓；当客户有任何金融需求时，客户经理也会立即收到并及时给予反馈。

▶互联网营销的意义

互联网营销对银行的影响利大于弊。银行客户经理可以通过网络营销给客户提供系列化的产品和服务，可以培养客户长期的忠诚度，也可以扩大银行的影响力。这些就是银行进行网络营销的主要意义。

▶运用互联网营销的注意事项

客户经理在运用互联网营销时应注意两点。

1. 制定隐私政策并广而告之

研究表明，制定隐私政策并广而告之会提升客户的反馈率。通常，客户是不会认真阅读隐私政策的，即使阅读，也极少人有会阅读两遍或三遍，但当客户总是看到它时，就会相信银行会很谨慎地对待自己的信息。

2. 不要随意分享客户的信息

如果没有得到客户的允许，客户经理就不能随意分享客户的信息，更不能出售客户的信息，否则会破坏客户对你的信任，从而失去双方合作的机会。

> 💡 **小贴士**
>
> "互联网+金融"给传统银行业带来的颠覆主要有：
>
> （1）超越边界，包括地域边界、时间边界和人群边界。
>
> （2）重建规则，倒逼监管层发牌。
>
> （3）盈收后置，即先圈人，再赚钱。比如，余额宝在短时间就拥有了上亿用户。

微信营销，增加与客户的亲密互动

微信作为时下最热门的社交网络平台之一，其庞大的用户数量和不断完善的营销功能受到越来越多商家的青睐。微信营销是随着微信的迅速普及和发展而兴起的一种新型网络营销模式，也是银行在互联网领域最有力的营销手段之一。因为，微信营销有着高到达率、高曝光率、高接受率、高精准度和高便利性等特征，能给银行带来源源不断的客户，并能增加与客户的亲密互动。

因此，银行客户经理要掌握一些微信营销的方法，具体来说主要指的是微信公众号和微信朋友圈的营销方法。

1. 微信公众号

微信公众号有三种账号类型：订阅号、服务号和企业号。

订阅号，侧重于为用户传达资讯（类似报纸、杂志），认证前后都是每天只可以群发一条消息；服务号，侧重于服务交互（类似银行），提供服务查询，认证前后每个月可群发四条信息；企业号，侧重于公司内部通信使用，要有成员的通信信息验证才可关注企业号。

那么，规划微信公众号有哪些策略呢？

（1）定位策略。

企业要想把自己的微信公众号做好、做大、做强，找准定位是公众号建设和发展的关键一步。公众号必须制定出适合自身发展、符合自身形象的定位，接着才好确定受众群体，有利于形成品牌效应，实现运营目标。

（2）品牌策略。

使用品牌策略时，要结合以下三点进行。

第一，适应性。有品牌积累的企业，只会把微信当作一个新的推广渠道，完全不考虑微信生态的特点，或简单复制其他平台的运营经验，最终做得毫无亮点。银行如果想通过微信扩大品牌效应，就要在原有的品牌积累的基础上围绕微信的特点来重新设计。

第二，系列化。系列化是强化品牌存在感的重要手段，反映在微信推送中就是周期性的固定栏目或形式。比如，强化标题，在标题的最前或最后可以注明栏目名称，用竖线隔开。

第三，视觉化。在配色方面，一般来说，推荐在图文中使用与企业或品牌相关的颜色。公众号也是企业品牌的一部分，是用户了解企业形象的重要入口，颜色不应随意，应与品牌保持一致。在封面图方面，如果大部分封面风格能保持一致，重复之后就是品牌标志。如果所选用的配图风格确实不一致，你可以通过添加独特的标志来实现统一。

（3）推送策略。

选择合理的时间推送，培养客户固定的阅读习惯很重要。使用推送策略时，要注意推送时间和推送频次。

通常选择黄金时间推送，也可以通过分析数据把握用户活跃的时间段，在合适的时间进行推送。

同时，对不同的营销对象，企业可以采取不同的推送频次。

2. 微信朋友圈

在发朋友圈的过程中，一定要放弃营销思维。很多人习惯一加好友就发广告，第一句就是求转发，一入群就扔广告，这些都是没有礼貌、让人反感的做法。客户经理可通过调研和观察客户喜欢的话题及感兴趣的内容，在朋友圈发布一些他们关心的话题，从而引发客户的关注。通过微信朋友圈进行营销，通常的注意事项有以下四点。

（1）注意软度。在微信朋友圈里做营销，不建议只做产品广告，还要穿插一些其他类型的内容，即使是发产品的广告，也不要太生硬。

（2）注意频度。即使你的朋友圈广告有效，也要克制自己发广告的冲动。如果你经常发广告刷屏，很可能会被朋友拉黑，结果得不偿失。

（3）注意长度。朋友圈是小屏阅读，因此不要写得太长，140字内的内容就可以了。

（4）注意准度。假如你有很多好友，采取一定的策略，可以大大提高受众人群的精准度，也避免了长期刷屏。比如，按分组发布，选择指定的人群看，方便对目标客户进行产品宣传和推广，从而推荐合适的内容。

> 💡 **小贴士**
>
> 客户经理进行微信营销应有六种思维模式，即互动思维、客户思维、价值思维、投入思维、主动出击思维和结果思维。

微博营销，提升银行的粉丝量

微博是社交媒体中用户极其活跃的平台之一，它因内容短小、发送信息方便而彻底改变了媒体和信息的传播方式。不仅如此，微博的信息还可以产生病毒式的传播。这些都使得微博具有极高的营销价值。

微博营销是指企业以微博作为营销平台，利用更新自己的微博、联合其他微博设计与网友的互动，或者发布大家感兴趣的话题，让网友主动关注等传播企业的产品信息，从而达到树立良好企业形象的目的。

客户经理要学会通过微博与客户建立良好的互动和交流。这不仅可以令银行及时了解客户的需求，还可以让银行看到客户对银行产品和服务的综合评价等。这种人性化的交流方式，能使银行获得足够多的追随者，从而在微博上获得更多的粉丝关注。当然，这需要客户经理掌握一定的营销策略，如以下三方面的营销策略要掌握。

1. 建立微博矩阵

微博营销首先要建立一个能够产生影响力的平台，并建立链式传播系统，这就需要一个账号矩阵。但是，在建立矩阵前，银行要清楚自己微博的定位和功能分类，是产品销售、品牌传播、客户管理还是公共关系。如果微博没有明确的功能定位，不仅无法形成有力的微博矩阵，连主微博的运营都会成为问题。

比如，在新浪微博上，招商银行就开通了多个账号，除主账号招商银行外，还有招商银行信用卡中心、招商银行私人银行、招商银行招银大学、招商银行i理财，以及招商银行天津、上海、福州、昆明等各大分行，如此庞大的官方微博阵容，在整个新浪微博中也是不多见的。

2. 病毒式传播创意策划

微博作为社会化自媒体，和传统媒体的一个重要区别就是可以借助社会化媒体能量传播、覆盖更多人，因而做好微博创意策划是非常重要的。

不论你将微博定位成品牌传播还是产品销售，微博内容策划都是首先找到目标客户群想要听的话，你要做到微博内容有营养、对胃口、够创意。

（1）了解目标人群。

银行营销人员要弄清楚粉丝是什么人，同时，以用户为中心，针对目标人群策划内容，锁定人群的职业、性别、年龄，结合他们的兴趣爱好，制定他们喜欢的内容进行营销。

（2）内容有价值。

银行营销人员要发布对客户有用的微博内容，这样才能获得围观、收听和粉丝。

（3）内容有创意。

银行营销人员要把微博内容做得有新鲜感，有趣味性。

3. 微博活动

微博活动是微博营销必不可少的。初期为了增长粉丝，营销人员要做活动；后期粉丝稳定了，营销人员要通过做活动引爆品牌传播或回馈粉丝，增强粉丝的黏性。因此，在微博营销中，活动是贯穿始终的，如何开展活动，聚集人气，提升品牌形象尤为关键。

说到这里可能会有人问：微信营销与微博营销有哪些区别呢？这二者的区别具体内容如下。

（1）微博多是发布信息，微信主要是交流。虽然微博和微信都是社交媒体，但微博更倾向于社会化信息网络，信息的传播速度更快，同时微博属于自由媒体平台。而微信倾向于社会化关系网络，平台注重用户圈关系。

（2）微博的曝光率低，微信的曝光率高。微博的实时性很强，很注重传播性，但不容易出现刷屏现象。因为没有谁会一直守在电脑前或手机前来刷新微博，这样就很容易导致你发布的内容被覆盖，导致微博曝光率低。微信交流性很高，在微信上发布的内容，相互关注的人可以很快看到。

> **小贴士**
>
> 粉丝是组成微博社群的主要力量。营销人员在进行微博营销时，一定要充分利用粉丝的力量。尤其是与粉丝多进行互动，从互动中观察粉丝的需求，然后才能做到让粉丝满意，进而转发内容。只要有了粉丝的互动，宣传就会变得更轻松。

手机银行：创建深度营销模式

作为一种结合了货币电子化与移动通信的崭新服务，手机银行业务不仅可以使人们在任何时间、任何地点处理多种金融业务，而且极大地丰富了银行服务的内涵，使银行能以便利、高效而又较为安全的方式为客户提供传统和创新的服务。

但是，目前国内手机银行的大多数用户使用的主要是转账和查询这两大功能，并且多数手机银行作为一种理财工具，虽然推出了许多相关的理财功能，但用户使用手机银行的频率远远低于使用微信、支付宝等的频率。因此，手机银行只有创建深度营销模式，才能获取更多用户的喜爱。

1. 活动营销

手机银行可通过举办各种有奖活动，吸引用户关注。这些活动多是结合银行的业务开展的，可以达到类似事件营销的效果。而有些营销看起来更像是商店的促销活动，只不过区别是完全在移动互联网上进行的。

活动营销吸引用户有四个步骤，它的内容如下。

（1）借助一个事件设计一个活动。比如，通过转发送红包、摇一摇抢红包、签到有礼等设计简单的活动，来博取用户的关注。

（2）设计活动的规则。这一步的规则包括满足什么条件的用户可以参加，各个环节的奖品和奖励规则等。

（3）确定代金券或优惠券使用的领域。比如，是仅可在本行使用，还是可以在其他网站使用。如果可以在其他网站使用，则需要和其他网络联合开展活动，这样对用户的刺激性更大。

（4）通过不断试错，验证系统的安全性和准确性。当系统可以稳定运行时，就可在互联网和移动手机上进行宣传。

2．游戏营销

游戏营销比较复杂，目前银行只能开发一些小型的游戏。但有时，为了吸引一些特定客户，凝聚客户资源，银行会通过联合开发或合作植入的形式来开展游戏项目。

银行开展游戏营销的方式主要有以下四种。

（1）独立开发。

银行独立开发小游戏，目的是吸引用户参与，提高用户的综合体验。

（2）联合开发。

银行还可以和其他大公司，如游戏公司合作开发游戏。这样游戏会更复杂，也会花费较多的资金。

（3）游戏植入。

这种方式比较简单，就是在手机银行里植入各种游戏让用户去玩，或是进入其他游戏的链接，方便用户通过银行界面使用各种功能。

（4）创意游戏开发。

这种游戏比较有难度，就是银行产品的游戏化。可以将银行的某一个产品或多个产品的核心逻辑理念和游戏等生活理念相结合，运用创意设计出一个产品，通过玩这个游戏，达到使用这个产品的目的。

3. 场景营销

如今，应用场景化已经成为一种趋势，而所谓"应用场景化"，就是把看起来无关的应用跟具体的场景连接在一起，以用户场景为出发点，把用户的需求改进成"应用场景化"的合理组合，从而激发用户使用，它是未来用户体验"一体化"的方向。

严格地说，不管是活动还是游戏，都有一些场景化的因素，但移动场景化，关键是指应用了第三方生活场景类的因素，不是一些静止事物的组合，它更具动感和想象，客户在使用中会感觉自己就是生活在现实空间中，从而激发客户的兴趣。这就是场景营销的思路。

场景营销的核心是构建场景，而构建场景需要遵循一定的规则，尤其是应根据移动互联网的特点植入各种生活场景类因素。

（1）构建场景的过程应自然、顺理成章。比如，在用户流量不足的时候提醒并引导用户购买流量包等。

（2）构建场景的细节应具体。

（3）构建场景应多利用外部触点。在手机环境使用中，存在着很多可供场景化利用的触点，比如，位置信息、通知栏信息、短信等，应用场景应多用这些信息。再如，可运用银行账单短信，轻松构建一个分期付款的情景。

（4）构建场景需植入各种生活元素。尤其是各种娱乐性元素，对于吸引客户，提高用户对产品的黏性有很大作用。

> 💡 **小贴士**
>
> 网上银行的安全性已经成为客户判断手机银行优劣的重要因素。日益猖獗的木马病毒、形形色色的钓鱼网站等因素使手机银行的安全性风险大为增加。因此，进行网上银行营销时必须关注安全防范技术的发展，加强安全防御能力。

营销扩展知识：了解社群与社群营销

自古便有"物以类聚，人以群分"的说法。可见，人类与自然界中的生物都是有"集群"天性的。也正是这种天性使然，我们才组合成一个个不同的社群。那么，什么是社群呢？简单地说，社群就是一群人的集合，他们因为有着共同的社交属性，如相同的爱好、偶像等而聚集在一起，成为一个群体。

如今的社群，更多的是指互联网社群，是由一个个感性的社会人以不同的动机、需求，自主创建或自发形成的社群。社群在功能上突出群体交流、分工协作和相近兴趣，强调群体和个体之间的交互关系。社群成员之间有一致的行为目标和规范，并且通过持续的互动，形成较强的社群情感。它是一种突破时间、空间，更强调实时性、社交性的人际沟通的关系群体。

1. 社群是银行营销的新阵地

互联网时代的核心是连接，连接一切已成为互联网创造价值的根本。在这样的时代，以共同归属感、相同价值观为主要特征的社群，成为连接人与人、人与企业的重要方式。

如今，社群正在改变银行传统营销的模式和方法，使银行认识到搭建社群的重要性，也让银行清楚地了解客户的需求和选择，为银行推出的业务提供了方向，也使银行在今后的工作中明确客户的具体需求。

（1）社群的出现正在改变银行的营销模式。

社群的出现使社群成员与银行之间由单向的信息传递变成双向的价值协同，社群成员对产品的点评转化为持久的口碑效应，客户的实际体验和口碑传播为银行的营销打开了一个新窗口。

（2）社群是重建银行与客户关系的有效手段。

互联网的出现，很大程度上降低了银行与客户之间的交流成本，而社群极大地降低了人与人之间的信任成本。因此，可以说社群是银行与客户关系重建的有效手段。

2. 社群营销的关键点：以好聚之

在科技迅速发展的今天，一些社交软件被广泛地运用于现代企业中，且部分企业也开始把有相同或相似兴趣爱好的客户聚集在一起，来创建自己的社群，推广和传播自己的产品和服务。这不仅能使企业获得大量的客户资源，同时也为企业做了很好的品牌宣传工作。

银行客户经理也可以按照这种方法以好聚之，从而很好地推广自己银行的产品和服务，有效拉近与客户之间的交流，提升银行的知名度。

中信银行信用卡在百度贴吧建立了自己的"章鱼卡吧"，很快粉丝就突破了百万，并建立了自己的"章鱼粉丝群"。"章鱼粉"们通过"众包、众筹、众创"的模式一起玩"章鱼卡吉祥物设计大赛""武汉男神、女神线下评选""敢表白就敢送你去巴厘岛"等活动。除了在线上建立粉丝连接阵地，"章鱼粉丝团"还在线下成立同城会。同城会再次建立起社交圈子，逐步增强粉丝黏性，增加粉丝数量。

这是社群营销"以好聚之"的一个典型案例。章鱼卡吧是章鱼粉丝团在百度贴吧注册的官方讨论吧，是中信信用卡中心首个粉丝连接阵地，也是百度贴吧首个由金融机构建立的讨论吧。它旨在为中信信用卡客户及粉丝提供更优质的客户服务与信用卡极致体验。

总之，客户经理要知道，社群营销的关键点在于以好聚之。那么，应如何做呢？首先，要锁定并找到目标客户群体，建立社交网络群；其次，精准到每个客户，做好量化分群。

第九章

优化自我与团队管理，不断提升营销业绩

管理是为了更好地实现营销目标而采取的一种手段，从主体进行划分，可将管理分为自我管理和团队管理。在本章中，客户经理需掌握的具体内容有：客户经理自我管理的方法，如何建设自己的团队，如何管理自己的团队，如何进行银行内部营销等。

客户经理自我管理的方法

通常，成功人士掌握的技能虽然千差万别，但唯一没有区别的就是他们超于常人的自我管理能力。自我管理可以视为与自我的关系管理，是指个体对自己本身，对自己的目标、思想、心理和行为等进行的管理，即把自己组织起来，自己管理自己，自己约束自己，自己激励自己，最终实现自我奋斗目标的一个过程。

那么，客户经理应如何实现自我管理呢？主要可以从以下三方面着手进行。

1．时间管理

时间管理是指通过事先规划和运用一定的技巧、方法与工具实现对时间的灵活以及有效运用，从而实现个人或组织的既定目标的过程。客户经理要学会管理自己的时间，同时让时间增值，从而完成更多的工作。

（1）"6点"优先工作制。

"6点"优先工作制，是效率大师艾维利在向美国一家钢铁公司提供咨询时提出的，它使这家公司用了5年的时间，从濒临破产一跃成为当时全美最大的私营钢铁企业。

这个方法要求把每天所要做的事情按重要性排序，分别从"1"到"6"标出6件最重要的事情。每天最先开始做标号为"1"的事情，直到它被完成或被完全准备好，然后再全力以赴地做标号为"2"的事情，依此类推。

（2）遵循"二八法则"。

客户经理在工作的时间分配上，应遵循"二八法则"。因为在任何特定的群体中，重要的因子通常只占少数，而不重要的因子则占多数。只要能控制具有重要性的少数因子，就能控制全局。作为银行客户经理，要把精力和时间放在能获得最大回报的20%的重要事情上，才会达到事半功倍的效果。

2. 学习力管理

亨利·德特丁爵士说："未来属于那些热爱生活、乐于创造和通过向他人学习来增强自己聪明才智的人。"面对瞬息万变的市场环境和复杂多变的金融产品，客户经理必须具备比较全面的知识和很强的学习力。

学习力是由三个要素组成的：动力、毅力和能力。学习的动力体现了学习的目标，学习的毅力反映了学习者的意志，学习的能力则来源于学习者掌握的知识及其在实践中的应用。银行客户经理是否有很强的学习力，完全取决于这个人是否有明确的奋斗目标、坚强的意志和丰富的理论知识以及大量的实践经验。

3. 习惯管理

习惯是一种恒常而无意识的行为倾向，反复地在某种行为上产生，是心理或个性中的一种固定的倾向。著名的成功学大师拿破仑·希尔说："我们每个人都受到习惯的束缚，习惯是由一再重复的思想和行为形成的，因此，只要能够掌握思想，养成正确的习惯，我们就可以掌握自己的命运，而且每个人都可以做到。"

习惯的培养是一个长期的过程。科学研究表明，培养一个好习惯最少需要21天，而每摆脱一个旧习惯，都是在养成一个新习惯。客户经理要想养成好习惯，第一步要做的就是约束自己、训练自己，直到将工作程序变成一种习惯。具体来讲，客户经理需要培养的习惯主要有以下三种。

（1）思考创新的习惯。

"行成于思"，思考的力量是伟大的。在平时的工作和生活中，客户经理要善于思考，多向自己提问，不但要知其然，还要知其所以然，在对问题究根问底的过程中培养自己的反向思维、同理思维、系统思维、立体思维和创新思维。只有这样，你才能不断进步。

（2）学以致用的习惯。

周海中说："学而不用则废，用而不学则滞；学用必须结合，二者缺一不可。"客户经理不仅要明白学习的重要性，更要养成学以致用的好习惯，即要把理论知识和实际应用结合起来，由浅入深地达到学习变现的目的。

（3）坚持负责的习惯。

客户经理要具有对自己负责、对客户负责的精神，做什么事不要轻言放弃，养成一步步坚持走下去的习惯。

ⓘ **小贴士**

客户经理也要提升自己的执行力，执行力，即贯彻实施决策计划、及时有效地解决问题的能力。在工作中培养执行力的具体表现为：明白什么事该做，什么事不该做；如何去完成该做的事情；克服一切困难；高效完成，超越客户的期望。

建设团队，营销不是一个人的事

进行市场营销不是客户经理一个人的事，不论是营销初期和客户建立联系，还是营销后期进行客户维护，都需要团队的支持。客户经理要注重培养自己的团队精神，发挥自己在团队中的带头作用，组建一支高效率的团队。

一个好的团队应该具备以下四个特点：

（1）明确的目标。团队成员要有共同的目标，包括短期目标和愿景目标。

（2）良好的沟通。团队成员之间要拥有畅通的信息交流渠道。

（3）明确的分工。团队中的成员要有明确的分工，各司其职有利于提高工作效率。

（4）相互信任。每个人对团队内其他人的品行和能力都深信不疑。那么，客户经理应如何建设营销团队呢？

▶营销团队建设的途径

银行营销团队建设主要包含四条途径。

1. 价值观途径

团队建设的核心是在团队中的成员之间就共同价值观和某些原则达成共识。因此，团队建设的重要任务是达成共识。

2. 角色界定途径

英国管理学家贝尔宾通过一系列模拟练习得出团队中的重要角色。他认为，好的团队是由不同性格的人组合在一起的，且团队中必须包含担任不同角色的人。

3. 人际关系途径

人际关系途径指在团队成员之间形成较高程度的社会意识和个人意识，它会促使人们把其他成员当成"我们"，而不仅仅是当成不得不与之工作的一群人。团队中的成员之间能做到很好地相互理解，有效地一起工作，通过发展密切的人际关系达到团队建设的目标。

4. 任务导向途径

按照任务导向途径，团队成员要清楚地认识某项任务的挑战，然后在已有的团队智慧基础上研究完成这项任务所需要的技能，并发展成具体的目标和工作程序，以保证顺利地完成任务。

▶营销团队建设的方法

银行营销团队建设的方法要从以下四方面入手：

1. 明确团队目标

团队目标应以银行目标、市场特征和团队在市场的预期定位为前提。客户经理在制定目标时，要遵循SMART原则。而SMART原则的具体内容如下。

S：Specific（明确的），即可以准确地描述目标所要达到的程度，坚决杜绝模棱两可的目标。

M：Measurable（可衡量的），是建立在"明确性"基础上的，它是把目标以更加具体的数据表现出来，更直观地评判目标是否达到。

A：Attainable（可实现性），即从实际出发，制定出的目标要有可行性，并能最大限度地实现。

R：Relevant（相关的），指各个目标之间相互关联、相互影响的关系。

T：Time-based（时限性），指目标的确定要有一个明确的时间限制，有时间限制就有利于在规定的时间内分配任务，更加具有计划性。

2. 选择团队的成员

领导者是团队的建设者，应通过组建智囊团或执行团，形成团队的核心层，充分发挥核心成员的作用，使团队的目标变成行动计划，使团队的业绩快速增长。

3. 训练团队精英

训练一支优秀的营销团队精英，能给团队带来很多益处。比如，提升个人能力，提高整体素质，提升营销业绩等。其重点在于建立学习型组织，让每个团队成员都认识到学习的重要性，尽力为成员创造学习机会，提供学习场地，表扬学习进步快的人，并通过讨论、培训的方式营造学习氛围，让成员在学习中成为精英。

4．培养团队精神

团队精神是大局意识、协作精神和服务精神的集中体现，核心是协同合作，反映的是个体利益和整体利益的统一，进而保证组织的高效率运转。

团队精神可以说是衡量一个营销团队战斗力的重要尺度。一个团队如果没有团队精神，就像一盘散沙，即使成员的个人能力都很强，这个团队也会业绩平平。

> 💡 **小贴士**
>
> "团队"一词源自现代管理。团队不是普通的群体，它是由具有共同利益和信息，并控制不同决策和基于不同信息制定决策的众多决策者组成的群体。团队必备的条件有自主性、思考性和协作性，如果不具备这三个条件，只能说该团队是一个群体。

如何管理自己的团队

除了自我管理外，团队管理也是客户经理的必修课。一个人的力量毕竟是有限的，只有充分发挥团队的力量，才能取得更好的业绩。

1. 创造有合作气氛的工作环境

打造团队合作氛围的重要工作场所之一就是会议室。心理学家发现，会议室里桌子的形状，会影响一个团队的心理氛围。

心理学家指出：长方形的桌子其权利层次最分明，因此这样的桌子特别适合权威管理的团队使用；圆形桌子的每个位置都可以是中心，这种形状的桌子能最大限度地淡化人们之间的地位差别，强调人们之间的平等关系，而平等关系是非常有利于实现合作的。另外，心理学家还发现，周围环境的噪音和空气质量也会影响人们之间的合作。

2. 建立沟通文化

沟通是有效地达成团队管理的重要方法。很多团队领导者，花在沟通上的时间远比花在倾听上的时间多，在未得到充分事实证据之前，仅凭个人主观意识做出决策，自然难逃出错的风险。因此，客户经理要多多倾听员工的话；面对不同的员工，客户经理应采取不同的沟通方式，才能取得良好的沟通效果。另外，沟通的时机要合适。如果对方情绪比较激烈，脾气又比较暴躁，就不要和对方交谈了，而是待其情绪平稳后再慢慢说服。

3. 增强团队凝聚力

团队凝聚力是指团队对成员的吸引力、成员对团队的向心力以及团队成员之间的相互吸引。团队凝聚力不仅是维持团队存在的必要条件，还对团队潜能的发挥起着很重要的作用。

客户经理可通过目标、文化及打造外部威胁的方式将员工凝聚起来。

（1）以共同的目标塑造凝聚力。

共同的目标能够塑造团队凝聚力。客户经理在制定共同目标时要注意：目标要清晰，最好是量化的、具体的；目标要有明确的实现期限；目标最好是中等难度，否则会让员工觉得难以实现，以至于失去信心。

（2）借团队文化强化凝聚力。

团队文化包括团队的规范文化和价值观两个方面的内容。一个团队能否做大、做强，并吸引更多人加入，一个很重要的因素就是这个团队是否有优秀的文化作为支撑。在企业界流传着这样一句话"三流企业卖产品，二流企业卖品牌，一流企业卖文化"。比如，受人欢迎的苹果公司，与其说他们卖的是产品，不如说他们卖的是时尚与创新的文化。

（3）靠外部威胁增强凝聚力。

心理学家研究发现，在金融危机期间，一些企业不但没有被金融危机击垮，反而因企业内部的凝聚力变得更加强大。因此，当团队面临外部威胁时，客户经理应突出这种外部威胁的严峻性。即使团队没有明显的外部威胁，客户经理也可以通过某种方式挖掘和塑造外部威胁，以增强团队的凝聚力。

4. 在团队中树立榜样

榜样的力量是强大的，榜样可以引领整个团队向好的方向发展，因为榜样可以激发人们的意志力和行动力。榜样在某种程度上还是一种理想中自我的投射，代表了一个人对自己的期望，对于促进一个人的身份认同感有重要的作用。因而，在大多时候，榜样可以形成一个人的行为约束，甚至对整个团队产生影响。

在树立榜样的时候，很重要的一点是客户经理首先要以身作则，起带头作用。如果客户经理在树立榜样的时候，不能以身作则，那么榜样的带头作用就会大打折扣，甚至可能降低客户经理在团队成员心目中的威信。

💡 小贴士

在团队中，公平是非常重要的，只有在公平的团队里才会有良性的团队合作。在一个不公平的团队中，团队员工往往不愿意多付出。有时候，极端的不公平会使员工心理失衡，导致员工纷纷脱离团队，直至团队解散。

注重银行内部营销

根据内部营销理论，银行员工满足客户期望的能力和动力来自银行的内部营销。银行内部营销的核心思想是：只有满意的员工，才能带来满意的客户。

因此，要想让客户满意，就必须先让员工满意，而要想让员工满意，银行就必须为员工提供优质的内部服务，以推动员工为外部客户提供优质的服务。

▶ 银行内部营销的内涵

银行内部营销包括两方面内容：态度管理和沟通管理。

1. 态度管理

态度管理是指对员工对客户的服务理念、服务动机、服务意识和服务态度等进行管理。态度管理是一种事前管理，发生在服务过程开始前，是对服务人员的服务意识和服务心态进行管理，以达到提高服务质量和服务效率的目标。

2. 沟通管理

沟通管理是指银行内部人员为完成工作，需要充分的信息交流。沟通管理所需要的信息包括：服务的内容与特色、规章制度与对外承诺等。客户经理要积极与团队员工交流，营造良好的服务氛围，进而给客户提供更好的服务。

▶ 银行内部营销的成功前提

越来越多的管理者意识到：内部营销的成功是外部营销成功的先决条件。甚至有人还提出这样的新理念：员工第一，客户第二。这种经营理念的转变虽然促使银行加快内部营销的实施，但内部营销能否成功还取决于银行是否具备了贯彻内部营销思想的三个前提条件。

1. 建设银行内部企业文化

银行企业文化是指在银行发展过程中形成的共同价值观、银行精神、行为准则及银行对外形象等在内的组织文化。银行企业文化具有一定的特殊性，因为它是一种服务文化，是一种强调诚信的企业文化，是一种风险管理文化。

银行的企业文化包括精神层面的内容和物质层面的内容。因此，建设银行企业文化需要考虑三个层次的问题：观念文化、制度文化和硬文化。其中，硬文化是银行经营中涉及的物质的外在表现，如银行机器设备、经营场所、网点环境等。

2. 有效的组织支持

银行应建立支持内部营销的组织体系。因为内部营销的成功离不开有效的组织支持。首先，银行要确定基本战略，从战略上贯彻内部营销思想，树立全行大服务观念。尤其是管理者，要转变思想，完成向服务者转变。其次，管理支持与内部对话。它们有两点作用：一是态度管理的重要工具（管理者对员工的支持对激发其工作积极性很重要）；二是沟通管理的关键工作（内部对话会使员工感觉受到重视，从而改善工作氛围）。

3. 合理的内部市场调研和细分

在银行内部市场中，服务提供者是银行，客户是员工，因此，其市场调研的对象是员工的需求，发现员工未满足的需求是内部市场调研的目标。银行管理者通过分析内部市场调研结果，了解员工的需求，并在此基础上制定长期、动态的内部营销策略。

内部市场细分是赢得员工的前提，通过内部市场细分，找到银行各个岗位的合适人选。银行要进行有效的内部员工细分，之后才能在此基础上明确员工的职责。

▶ 银行实施内部营销的途径

根据芬兰市场学家克里斯廷·格罗鲁斯的内部营销模型，银行实施内部营销的途径有五个：大量内部沟通与信息支持、激发员工服务敏感性、人力资源管理、大量外部沟通和内部服务补救。

（1）大量内部沟通与信息支持是银行日常工作很重要的部分。银行要使员工对服务导向策略的更新及内外部服务方法的变化全面了解，并将新思路和新方式贯彻到服务工作中。如果银行不能在信息传递方面提供优质的内部服务，员工就不能很好地理解银行的政策和经营目标。

（2）激发员工服务敏感性的关键是使员工有意识地主动搜集、分析客户的信息，增加与客户的接触，发现其未被满足的金融需求，从而赢得客户信赖。

（3）人力资源管理是内部营销成败的关键。银行应加强对员工的重视，把员工当作"资本"而非"成本"。

（4）在服务工作中，银行与员工应该"一致对外"，不论是在宣传口径上还是在对外承诺上应保持一致。

（5）在发生内部服务失败时，银行需要对内部客户——员工进行内部服务补救。

💡 **小贴士**

内部营销是外部营销成功的先决条件。有效的内部营销可以通过提高员工的满意度来促进员工为客户提供优质的外部服务。

营销扩展知识：银行客户经理的选拔与绩效考核

客户经理是银行服务的关键人物，是银行服务窗口中的窗口。其在维护客户、挖掘客户潜力、拓展客户和提升客户忠诚度等方面具有重大作用。

▶ 客户经理的选拔

银行客户经理的选拔一般有以下三种途径。

1. 内部招聘

内部招聘指银行在内部公开招聘客户经理。它分为内部选拔和内部竞聘上岗两种方式。

（1）内部选拔。银行客户管理部门可根据客户经理的任职要求，举荐符合条件的员工担任客户经理。部门推荐的员工也要通过客户经理选拔委员会的资格审查认定，属客户经理后备人才库的员工优先推荐。银行员工也可根据自身的条件和工作兴趣，向客户管理部门进行自我推荐，但这类人必须是具有突出能力和业务特长的员工。

（2）内部竞聘上岗。银行选拔客户经理应本着公平、公正、公开的原则，根据已确定的各类别客户经理的任职要求，制定选拔标准，设定选拔程序，在内部员工中进行公开选拔。竞聘的主要程序有：公告、资格认定、资格考试、面试与答辩、选用、见习和聘用等。

2. 外部招聘

外部招聘指从银行以外包括从其他银行招聘选拔客户经理。常见的方式有以下三种。

（1）猎头公司。通过专业人才市场的猎头公司猎取优秀人才。

（2）广告招聘。利用网络、电视等媒体从社会劳动力市场或其他银行招聘本行所需的人才。

（3）本行员工引荐。银行请本行现有员工向银行推荐合适的人选，然后由招聘组择优录取。

3. 高校选择

银行从高校的本科生、研究生的优秀人才中招聘客户经理，是一种常用的途径。

▶ 客户经理的绩效考核

绩效考核激励机制是银行根据客户经理的工作情况和营销业绩，对其进行分配和奖励的体系。

1. 客户经理绩效考核的原则

客户经理绩效考核的原则有以下四点。

（1）公平性。它指在考核分配中，员工的付出与回报表现为与员工心理上的对等关系，所激励的人员对考核结果基本认同。

（2）合理性。对客户经理的业绩进行考核后，决定客户经理收益分配的关键因素是分配制度。银行是遵循分配制度进行收益分配的，合理的分配制度是公平分配的。

（3）全面性。客户经理的考核和分配一定要综合全行因素，统一策划和进行。

（4）科学性。考核与分配的方法要科学，比如，考核指标要量化，量化的指标要有实现的可能。

2. 客户经理绩效考核的指标

客户经理绩效考核的指标有利润指标和各项业务指标等。

（1）利润指标，指在考核期间，客户经理服务的客户办理各项业务为银行实现的利润总额。

（2）各项业务指标：新增存款，包括本外币存款净增长额、日均存款额等；新增贷款，包括贷款净投放量、贷款平均余额、利息收入等；信用卡业务，包括发卡量、特约客户数量、刷卡消费金额等；代理业务，包括代收代付业务、保险代理业务、保管箱业务等；国际业务，包括国际结算业务、结售汇业务、信用证业务等。

3. 客户经理绩效考核的激励措施

客户经理绩效考核的激励措施有以下三种。

（1）目标激励。是为客户经理确定适当的目标，诱发其主动工作的动机，从而调动其工作的积极性。

（2）薪资福利方面的激励，如年薪制激励等。

（3）工作激励。比如，建立一种宽松的工作环境，实行弹性工作制，使客户经理在既定的目标下自主地完成任务。

附录 1　信贷客户信息查询系统主要网站

▶一、企业主体相关信息查询

1. 国家企业信用信息公示系统

国家企业信用信息公示系统的网址是www.gsxt.gov.cn，于2014年2月上线运行。公示的主要内容包括市场主体的注册登记、许可审批、年度报告、行政处罚、抽查结果、经营异常状态等信息。

2. 各省、市级信用网

各省、市级信用网是由地方主导的，一般以企业信用体系建设推进办为主。这些网站中含有企业的基本信息，但如果需要更多的信息，如商标、变更、对外投资信息、劳保等信息，则可能需要注册会员资格才可以查询。

3. 信用视界

信用视界的网址是www.x315.com，于2014年3月15日正式上线，一站式汇总了工商登记、关联公司、组织机构代码、涉诉信息、商标专利和新闻招聘等企业信息。其特色是增值服务中涵盖了精准的企业关联和高管名下企业，还有企业财务数据、法院开庭公告和判决文书等。值得推荐的是其信用监控服务，每天自动推送企业动态，省掉了大量人工网搜工作。该网站还可以查询外国企业，如果资产中涉及外国企业，就可以查询全球的企业信用信息，目前支持11个海外国家实时查询企业信息，其他国家的则需要离线查询。

4. 全国组织机构统一社会信用代码数据服务中心

全国组织机构统一社会信用代码数据服务中心的网址是www.cods.org.cn。目前，统一社会信用代码（组织机构代码）及其基本信息已广泛应用到银行、保险、税务、社会保障、统计、人事、质量技术监督和检验检疫、海关、外汇、公安、公积金管理、高检、高法、征信、电信、互联网等领域，在组织机构实名标识和验证、信息化建设等方面发挥了重要作用，奠定了我国社会信用体系建设的基础。

5. 悉知网

悉知网的网址是www.xizhi.com，主要提供中国企业名称、法人、联系人、联系方式、地址、产品和服务等信息的快速查询、展示服务。该网站的特色服务是基于平台的企业信用提供企业数据报告，主要针对全国省份、地市、县区企业数量及产业发展状况进行研究和推出排行榜。

6. 建筑业资质查询

国家住房与城乡建设部的建筑类企业资质展示平台，能够查询相关企业的资质证书信息。

▶二、资产信息查询

1. 中国土地市场网	除全国范围内土地抵押、转让、招拍挂等信息外，可于该网中查询全国范围内的供地计划、出让公告、大企业购地情况等
2. 中国商标网	根据查询提示可确定拟查询商标的商品分类。具体可查询注册商标信息和申请商标信息
3. 专利检索系统	除专利基本信息外，还能查询各专利权法律状态、专利证书发文、年费计算及全国大部分省市的专利代理机构名录等内容
4. 中国版权保护中心	它是国家设立的综合性的著作权社会管理和社会服务机构，是我国目前唯一的计算机软件/著作权登记、著作权质权登记机构
5. 人民法院诉讼资产网	可以查询全国范围内法院正在执行拍卖的资产情况，通过这个网站可以侧面了解涉诉当事人的一些信息
6. 淘宝司法拍卖	越来越多的法院把没有争议、比较干净的资产都通过这种方式进行拍卖，相信涉诉的信息会越来越多
7. 各大产权交易所网站	提供包括国有产权、公共资源、国有担保机构、诉讼资产、股权、债权、高端商品、无形资产、文化艺术品等在内的各类要素的供需信息发布、网络交易、支付和结算等专业服务

▶三、涉诉信息查询

1. 最高人民法院"中国裁判文书网"

根据《最高人民法院关于人民法院在互联网公布裁判文书的规定》，自2014年1月1日起，除涉及国家秘密、个人隐私、未成年犯罪、调解结案以外的判决文书，各法院判决文书均应在该网站上公布。因该网站为"裁判文书网"，故仅适用于已界判决阶段的案件。

2. 各省级高院网站

因为最高人民法院"中国裁判文书网"仅限于已裁判文书的查询，且2014年之后才开始试行，而且数据取决于地方上报。因此，在中国裁判文书网查不到的，在各省级高院网站中或许能查到。比如，2014年之前的部分判决书、开庭公告、执行信息、开庭信息等。

3. 最高人民法院"全国法院失信被执行人名单信息查询系统"

对于不履行或未全部履行被执行义务的被执行人，自2013年10月24日起可在该系统中查询失信被执行人的履行情况、执行法院、执行依据文书及失信被执行人行为的具体情形等内容。

4. 北大法律信息网"北大法宝"

该网站属于民间的网站，但收录案例比较全，或许很多官方找不到的裁判文书都收录在这里。

四、客户投融资信息查询

客户投融资信息查询的网站有：

（1）中国证监会指定信息披露网站"巨潮资讯网"。

（2）上海证券交易所。

（3）深圳证券交易所。

（4）全国中小企业股份转让系统。

（5）中国货币网。

（6）中国债券信息网。

（7）中国银行间市场交易商协会。

（8）和讯网。

（9）中国知网。

（10）万方数据。

（11）12333社保查询网。

附录 2《商业银行理财产品销售管理办法》(节选)

第二章 基本原则

第五条 商业银行销售理财产品，应当遵循诚实守信、勤勉尽责、如实告知原则。

第六条 商业银行销售理财产品，应当遵循公平、公开、公正原则，充分揭示风险，保护客户合法权益，不得对客户进行误导销售。

第七条 商业银行销售理财产品，应当进行合规性审查，准确界定销售活动包含的法律关系，防范合规风险。

第八条 商业银行销售理财产品，应当做到成本可算、风险可控、信息充分披露。

第九条 商业银行销售理财产品，应当遵循风险匹配原则，禁止误导客户购买与其风险承受能力不相符合的理财产品。风险匹配原则是指商业银行只能向客户销售风险评级等于或低于其风险承受能力评级的理财产品。

第十条 商业银行销售理财产品，应当加强客户风险提示和投资者教育。

第三章 宣传销售文本管理

第十一条 本办法所称宣传销售文本分为两类。

一是宣传材料，指商业银行为宣传推介理财产品向客户分发或者公布，使客户可以获得的书面、电子或其他介质的信息，包括：

（一）宣传单、手册、信函等面向客户的宣传资料；

（二）电话、传真、短信、邮件；

（三）报纸、海报、电子显示屏、电影、互联网等以及其他音像、通信资料；

（四）其他相关资料。

二是销售文件，包括：理财产品销售协议书、理财产品说明书、风险揭示书、客户权益须知等；经客户签字确认的销售文件，商业银行和客户双方均应留存。

第十二条 商业银行应当加强对理财产品宣传销售文本制作和发放的管理，宣传销售文本应当由商业银行总行统一管理和授权，分支机构未经总行授权不得擅自制作和分发宣传销售文本。

第十三条 理财产品宣传销售文本应当全面、客观反映理财产品的重要特性和与产品有关的重要事实，语言表述应当真实、准确和清晰，不得有下列情形：

（一）虚假记载、误导性陈述或者重大遗漏；

（二）违规承诺收益或者承担损失；

（三）夸大或者片面宣传理财产品，违规使用安全、保证、承诺、保险、避险、有保障、高收益、无风险等与产品风险收益特性不匹配的表述；

（四）登载单位或者个人的推荐性文字；

（五）在未提供客观证据的情况下，使用"业绩优良""名列前茅""位居前列""最有价值""首只""最大""最好""最强""唯一"等夸大过往业绩的表述；

（六）其他易使客户忽视风险的情形。

第十四条 理财产品宣传销售文本只能登载商业银行开发设计的该款理财产品或风险等级和结构相同的同类理财产品过往平均业绩及最好、最差业绩，同时应当遵守下列规定：

（一）引用的统计数据、图表和资料应当真实、准确、全面，并注明来源，不得引用未经核实的数据；

（二）真实、准确、合理地表述理财产品业绩和商业银行管理水平；

（三）在宣传销售文本中应当明确提示，产品过往业绩不代表其未来表现，不构成新发理财产品业绩表现的保证。如理财产品宣传销售文本中使用模拟数据的，必须注明模拟数据。

第十五条 理财产品宣传销售文本提及第三方专业机构评价结果的，应当列明第三方专业评价机构名称及刊登或发布评价的渠道与日期。

第十六条 理财产品宣传销售文本中出现表达收益率或收益区间字样的，应当在销售文件中提供科学、合理的测算依据和测算方式，以醒目文字提醒客户，"测算收益不等于实际收益，投资须谨慎"。如不能提供科学、合理的测算依据和测算方式，则理财产品宣传销售文本中不得出现产品收益率或收益区间等类似表述。向客户表述的收益率测算依据和测算方式应当简明、清晰，不得使用小概率事件夸大产品收益率或收益区间，误导客户。

第十七条 理财产品宣传材料应当在醒目位置提示客户，"理财非存款，产品有风险，投资须谨慎"。

第十八条 理财产品销售文件应当包含专页风险揭示书，风险揭示书应当使用通俗易懂的语言，并至少包含以下内容：

（一）在醒目位置提示客户，"理财非存款，产品有风险，投资须谨慎"；

（二）提示客户，"如影响您风险承受能力的因素发生变化，请及时完成风险承受能力评估"；

（三）提示客户注意投资风险，仔细阅读理财产品销售文件，了解理财产品具体情况；

（四）本理财产品类型、期限、风险评级结果、适合购买的客户，并配以示例说明最不利投资情形下的投资结果；

（五）保证收益理财产品风险揭示应当至少包含以下表述："本理财产品有投资风险，只能保证获得合同明确承诺的收益，您应充分认识投资风险，谨慎投资"；

（六）保本浮动收益理财产品的风险揭示应当至少包含以下表述："本理财产品有投资风险，只保障理财资金本金，不保证理财收益，您应当充分认识投资风险，谨慎投资"；

（七）非保本浮动收益理财产品的风险揭示应当至少包含以下内容：本理财产品不保证本金和收益，并根据理财产品风险评级提示客户可能会因市场变动而蒙受损失的程度，以及需要充分认识投资风险，谨慎投资等内容；

（八）客户风险承受能力评级，由客户填写；

（九）风险揭示书还应当设计客户风险确认语句抄录，包括确认语句栏和签字栏；确认语句栏应当完整载明的风险确认语句为："本人已经阅读风险揭示，愿意承担投资风险"，并在此语句下预留足够空间供客户完整抄录和签名确认。

第十九条 理财产品销售文件应当包含专页客户权益须知，客户权益须知应当至少包括以下内容：

（一）客户办理理财产品的流程；

（二）客户风险承受能力评估流程、评级具体含义以及适合购买的理财产品等相关内容；

（三）商业银行向客户进行信息披露的方式、渠道和频率等；

（四）客户向商业银行投诉的方式和程序；

（五）商业银行联络方式及其他需要向客户说明的内容。

第二十条 理财产品销售文件应当载明投资范围、投资资产种类和各投资资产种类的投资比例，并确保在理财产品存续期间按照销售文件约定比例合理浮动。市场发生重大变化导致投资比例暂时超出浮动区间且可能对客户预期收益产生重大影响的，应当及时向客户进行信息披露。商业银行根据市场情况调整投资范围、投资品种或投资比例，应当按照有关规定进行信息披露后方可调整；客户不接受的，应当允许客户按照销售文件的约定提前赎回理财产品。

第二十一条 理财产品销售文件应当载明收取销售费、托管费、投资管理费等相关收费项目、收费条件、收费标准和收费方式。销售文件未载明的收费项目，不得向客户收取。商业银行根据相关法律和国家政策规定，需要对已约定的收费项目、条件、标准和方式进行调整时，应当按照有关规定进行信息披露后方可调整；客户不接受的，应当允许客户按照销售文件的约定提前赎回理财产品。

第二十二条 商业银行应当按照销售文件约定及时、准确地进行信息披露；

产品结束或终止时的信息披露内容应当包括但不限于实际投资资产种类、投资品种、投资比例、销售费、托管费、投资管理费和客户收益等。理财产品未达到预期收益的，应当详细披露相关信息。

第二十三条 理财产品名称应当恰当反映产品属性，不得使用带有诱惑性、误导性和承诺性的称谓以及易引发争议的模糊性语言。理财产品名称中含有拟投资资产名称的，拟投资该资产的比例须达到该理财产品规模的50%（含）以上；对挂钩性结构化理财产品，名称中含有挂钩资产名称的，需要在名称中明确所挂钩标的资产占理财资金的比例或明确是用本金投资的预期收益挂钩标的资产。

第九章　监督管理

第六十八条 中国银监会及其派出机构根据审慎监管要求，对商业银行理财产品销售活动进行非现场监管和现场检查。

第六十九条 商业银行销售理财产品实行报告制，报告期间，不得对报告的理财产品开展宣传销售活动。商业银行总行或授权分支机构开发设计的理财产品，应当由商业银行总行负责报告，报告材料应当经商业银行主管理财业务的高级管理人员审核批准。商业银行总行应当在销售前10日，将以下材料向中国银监会负责法人机构监管的部门或属地银监局报告（外国银行分行参照执行）：

（一）理财产品的可行性评估报告，主要内容包括：产品基本特性、目标客户群、拟销售时间和规模、拟销售地区、理财资金投向、投资组合安排、资金成本与收益测算、含有预期收益率的理财产品的收益测算方式和测算依据、产品风险评估及管控措施等；

（二）内部审核文件；

（三）对理财产品投资管理人、托管人、投资顾问等相关方的尽职调查文件；

（四）与理财产品投资管理人、托管人、投资顾问等相关方签署的法律文件；

（五）理财产品销售文件，包括理财产品销售协议书、理财产品说明书、风险揭示书、客户权益须知等；

（六）理财产品宣传材料，包括银行营业网点、银行官方网站和银行委托第三方网站向客户提供的理财产品宣传材料，以及通过各种媒体投放的产品广告等；

（七）报告材料联络人的具体联系方式；

（八）中国银监会及其派出机构要求的其他材料。商业银行向机构客户和私人银行客户销售专门为其开发设计的理财产品不适用本条规定。

第七十条 商业银行分支机构应当在开始发售理财产品之日起5日内，将以下材料向所在地中国银监会派出机构报告：

（一）总行理财产品发售授权书；

（二）理财产品销售文件，包括理财产品协议书、理财产品说明书、风险揭示书、客户权益须知等；

（三）理财产品宣传材料，包括银行营业网点、银行官方网站和银行委托第三方网站向客户提供的产品宣传材料，以及通过各种媒体投放的产品广告等；

（四）报告材料联络人的具体联系方式；

（五）中国银监会及其派出机构要求的其他材料。商业银行向机构客户和私人银行客户销售专门为其开发设计的理财产品不适用本条规定。

第七十一条 商业银行应当确保报告材料的真实性和完整性。报告材料不齐全或者不符合形式要求的，应当按照中国银监会或其派出机构的要求进行补充报送或调整后重新报送。

第七十二条 商业银行理财业务有下列情形之一的，应当及时向中国银监会或其派出机构报告：

（一）发生群体性事件、重大投诉等重大事件；

（二）挪用客户资金或资产；

（三）投资交易对手或其他信用关联方发生重大信用违约事件，可能造成理财产品重大亏损；

（四）理财产品出现重大亏损；

（五）销售中出现的其他重大违法违规行为。

第七十三条 商业银行应当根据中国银监会的规定对理财产品销售进行月度、季度和年度统计分析，报送中国银监会及其派出机构。商业银行应当在每个会计年度结束时编制本年度理财业务发展报告，应当至少包括销售情况、投资情况、收益分配、客户投诉情况等，于下一年度2月底前报送中国银监会及其派出机构。

附录 3 银行相关术语

1. 负债业务

负债业务是指银行以债务人身份在金融市场上筹措资金、形成资金来源的各项业务。商业银行通过负债业务筹集的资金是需要还本付息的，并且要最大限度地维护债权人的资金安全和合法权益，否则将会影响负债业务的开展。

2. 存款成本

存款成本一般由利息成本和经营成本两部分构成。在对银行存款成本进行分析时经常使用的概念还有资金成本、可用资金成本和边际成本等。

（1）利息成本是指银行以约定的存款利率，以货币的形式支付给存款人的报酬。利息成本是存款成本的主要组成部分，利率的高低与存款的期限有着密切的关系，一般来说，存款期限越长，利率越高。

（2）经营成本也称非利息成本，是指银行为了吸收存款而花费的利息成本以外的所有开支。比如，职工工资、折旧、办公费用、广告宣传费用及其他为客户提供服务所需要的开支等。

（3）资金成本是银行为组织存款而发生的一切开支，包括利息成本和经营成本。

（4）可用资金成本，指的是银行吸收的存款不能全部用来发放贷款和投资，需要提取一定比例的法定准备金和支付准备金后才能用于营利性资产。可用资金成本就是由吸收的存款扣出必要的准备金后的余额来承担全部资金的成本。

（5）边际存款成本是指银行在吸收的存款达到一定规模后，再新增一个单位的存款所要增加的成本。

3. 现金资产

现金资产是银行为了维持其流动性需要而必须持有的库存现金以及与现金等同的可随时用于支付的银行资产。现金资产有狭义和广义之分。狭义现金资产是指库存现金；广义现金资产包括库存资金、在中央银行的存款和存放同业存款。

（1）库存现金是指银行保存在业务库中的现金（包括纸币和硬币）。

（2）在中央银行的存款是指银行存放在中央银行准备金账户上的存款。

（3）存放同业存款是指银行存放在其他银行或金融机构的存款。

4. 贷款价格

一般来说，贷款价格由贷款利率、贷款承诺费、补偿余额和隐含价格四部分组成。

（1）贷款利率是贷款价格的主体，即一定时期内客户向贷款人支付的贷款利息与贷款本金之比率。

（2）贷款承诺费是指银行对已承诺贷款给客户而客户没有按时使用的那

部分资金收取的费用。

（3）补偿余额是应银行要求，借款人保持在银行的一定数量的活期存款或低利率定期存款。

（4）隐含价格是指贷款定价中的一些非货币内容。银行在决定贷款给客户后，为保证客户能按时偿还贷款，常在贷款协议中增加一些附加性条款。

5．证券投资

证券投资是银行通过购买股票、债券等有价证券及其衍生产品，以获取利息、红利以及资本利得的投资行为。银行通过证券投资业务主要实现以下功能：获取利益，分散风险，增强流动性，合理避税。

证券投资的对象即政府债券、金融债券、公司债券和股票。

（1）政府债券也叫公债式国债，是政府为了筹集预算资金而发行的承担偿还责任的债务凭证。

（2）金融债券是银行和非银行金融机构为筹集中长期资金向社会公开发行的一种债务凭证。

（3）公司债券是企业对外筹集资金而发行的一种债务凭证，是发行公司承诺在指定时间内向债券持有者还本付息的书面证明。

（4）股票是股份公司的所有权一部分也是发行的所有权凭证，是股份公司为筹集资金而发行给各个股东作为持股凭证并借以取得股息和红利的一种有价证券。

6．中间业务

中间业务是指银行依托自身业务、资金、技术、机构、信誉和人才等方面的优势，不需动用自己的资金，以中间人的身份代理客户承办收付款项和其他委托事项，提供各种金融服务并据以收取手续费的业务。

7. 国际业务

从广义上讲，银行国际业务不仅包括银行在国外设立分支机构，还包括一切有关跨越国界的资金融通业务活动。这包含两层含义：一是指跨国银行在国外的业务活动；二是指本国银行在国内所从事的有关国际业务。

银行国际业务的组织形式主要有国际业务部、国外分行、国外代表处、国外代理行、国外子公司或附属机构、国际联合银行等。

8. 资产业务

资产业务是指商业银行运用资金的业务，也就是商业银行将其吸收的资金贷放或投资出去赚取收益的活动。商业银行的盈利状况如何，经营是否成功，很大程度上取决于资金运用的结果。

资产业务主要包括四个方面：贷款、贴现、证券投资和金融租赁。

9. 金融风险

一种解释为：金融风险主要指在宏观经济运行中，由于金融体系和金融制度问题、金融政策的失误以及经济主体在从事金融活动时因决策失误，客观条件变化或其他情况而有可能使资金、财产、信誉遭受损失等原因，客观上会影响宏观经济稳定与协调发展，导致一国国民经济停滞甚至倒退的可能性。

另一种解释为：金融风险是指在货币经营和信用活动中，由于各种因素随机变化的影响，使金融机构或投资者的实际收益与预期收益发生背离的不确定性及其资产蒙受损失的可能性。

一般来说，金融风险大体上可分为市场风险、信用风险、流动性风险、操作风险、法律风险、道德风险和国家风险。